鉴古明今
——传统法文化的现实意义

张晋藩／著

JIAN GU MING JIN
CHUAN TONG FA WEN HUA
DE XIAN SHI YI YI

中国政法大学出版社

2018·北京

图书在版编目（ＣＩＰ）数据

鉴古明今：传统法文化的现实意义/张晋藩著. —北京：中国政法大学出版社，2018.4（2022.1重印）

ISBN 978-7-5620-8259-0

Ⅰ.①鉴⋯　Ⅱ.①张⋯　Ⅲ.①法律－文化研究－中国　Ⅳ.①D909.2

中国版本图书馆CIP数据核字（2018）第077644号

出 版 者　中国政法大学出版社

地　　址　北京市海淀区西土城路 25 号

邮寄地址　北京 100088 信箱 8034 分箱　邮编 100088

网　　址　http://www.cuplpress.com（网络实名：中国政法大学出版社）

电　　话　010-58908285(总编室)　58908334(邮购部)

承　　印　北京九州迅驰传媒文化有限公司

开　　本　880mm×1230mm　1/32

印　　张　6.25

字　　数　125 千字

版　　次　2018 年 4 月第 1 版

印　　次　2022 年 1 月第 2 次印刷

定　　价　25.00 元

序

    中国是世界著名的文明古国，有着五千年不曾中断的历史，其法文化底蕴之深厚，治国理政经验之丰富，古圣先贤杰出的政治智慧与法律智慧等都是其他文明古国所不可比拟的。习近平总书记多次提倡研究中国传统文化，从中汲取建设社会主义伟大强国的历史资源、文化资源。本书所收录的六篇文章，都是为了完成国家社会科学基金重大委托项目"创新发展中国特色社会主义法治理论体系研究"（项目批准号：17@ZH014）而作的，意在为该课题研究提供法文化支持，借以彰显中国特色。中国政法大学出版社以最快时间出版此书，希望可以作为对习近平总书记去年5月3日视察我校的一种回应。

张晋藩 谨序

2018 年 4 月 20 日

目　录

论中国古代的德法共治

德法互补，互相促进，共同治国在中国由来已久，是中国古代治国理政的成功经验，也是中国传统法文化中的精髓。这充分显示了中华民族的政治智慧与法律智慧。认真总结中国古代德治与法治的功用、相互关系、共同治国的历史经验，对于建设具有中国特色的依法治国的法治国家具有重要的史鉴价值。习近平总书记多次提倡研究中国传统文化（包括法文化），从中汲取建设社会主义伟大强国的历史资源、文化资源，特别是反复阐明要坚持依法治国和以德治国交相治国的重要价值。习近平总书记在 2013 年 2 月中共中央政治局就全面推进依法治国进行第四次集体学习时指出：要坚持依法治国和以德治国相结合，把法治建设和道德建设紧密结合起来，把他律和自律紧密结合起来，做到法治和德治相辅相成、相互促进。2014 年 10 月，他在党的十八届四中全会发言中进一步指出："坚持依法治国和以德治国相结合。国家和社会治理需要法律和道德共同发挥作用。必须坚持一手抓法治、一手抓德治，大力弘扬社会主义核心价值观，弘扬中华传统美德，培育社会公德、职业道德、家庭美德、个人品德，既重视发挥法律的规范作用，又重视发挥道德的教化作用，以法治体现道德理念、强化法律对道德建设的促进作用，以道德滋养法治精神、强化道德对法治文化的支撑作用，实现法律和道德相辅相成、法治和德治相得益彰。"2016 年 12 月，习近平总书记在中共中央政治局第三十七次集体学习的总结发言中进一步阐述了德治与法治的不同功用与共同治国的重要价值。他说："法律是成文的道德，道德是内心的法律。法律和道德都具有规范社会行为、调节社会关系、维护社会秩序的作用，在国家治理中都有其地位和功能。法安天下，德润人心。法律有效实施有赖于道德支持，道德践行也离不开法律约束。法治和德治不可分离、不可偏废，国家治理需要法律和道德协同发力……法治和德治两手抓、两手都要硬……法治与德治就如车之两轮、鸟之双翼，不可偏废。"

本文从中国法制历史实践出发，阐述德治与法治各自具有的特殊功用以及两者在共同治国中所经历的历史阶段和积累的经验，力图为当前深入推进具有中国特色的依法治国方略贡献绵薄之力。

一、古人论德体现了中华民族善良的心态

在中国古文献中，关于德的概念与解释可谓多矣。东汉许慎《说文解字·心部》从字义出发阐明："悳，外得于人，内得于己也。从直，从心。"意为对人对己都要把心思放正，

只有"直在心上"才能"外得于人，内得于己"。[1] 明初，宋濂等人编写的《正韵》提出："凡言德者，善美，正大，光明，纯懿之称也。"《康熙字典》沿用《说文解字》的旧说，并引《诗经》做进一步解释。《诗经·大雅》曰："民之秉彝，好是懿德。"所谓"懿"，按《说文解字》，"专一而美也"，"懿德"，就是美德。

此外，也有从人的心性角度进行解释。如《尚书·皋陶谟》记载，皋陶建议大禹选择具有"九德"之人为官。所谓"九德"，就是"宽而栗，柔而立，愿而恭，乱而敬，扰而毅，直而温，简而廉，刚而塞，强而义"[2]，可见"九德"就是指人所具有的九种心性。《尚书·洪范》提出"三德"之说："一曰正直，二曰刚克，三曰柔克。"[3] 这是指人所具有的正直、坚毅、和顺的心性。《左传·成公十六年》明确记载："德，谓人之性行。"孔颖达疏曰："民生厚而德正。"[4]《史记·乐书》也有类似解释："德者，性之端也。"[5]《淮南子》还阐述说："得其天性谓之德。"[6]

古人还把德的价值与国家施政联系起来，宣扬德教和德化的重要性。关于德教，《礼记·月令》说："孟春之月，命相布德和令，行庆施惠，下及兆民。"对此，郑玄注曰：

〔1〕《说文解字·心部》。
〔2〕《尚书·皋陶谟》。
〔3〕《尚书·洪范》。
〔4〕《左传·成公十六年》。
〔5〕《史记·乐书》。
〔6〕《淮南子·齐俗训》。

"德，谓善教也。"[1]《周礼·地官·大司徒》提出以"知、仁、圣、义、忠、和"[2]六德教万民。关于德化，《管子·心术上》说："化育万物谓之德。"德化更多的是与重民、爱民联系在一起，如《尚书·盘庚》说："施实德于民。"《左传·襄公七年》曰："恤民为德。"[3]《管子·正》曰："爱民无私曰德。"[4]《玉篇》说："德，惠也。"即施惠于民曰德。

　　古人对于德不吝笔墨，从多方面、多角度进行解释，不是偶然的，是和中华民族的特质分不开的。中华民族在严酷的生存斗争、生产斗争中需要借助"群"的力量抵御外侮和自然灾害，以维持自身的存在和发展，因而养成了以直相待、宽容为怀、团结互助的民族心态。古代思想家论德之说正是有针对性地体现了这种民族心态，使之易为中华民族所接受。经过漫长的生生不息的演进，德由善教逐渐趋向于善治，形成了中国古代所特有的道德政治文化，把国家的兴衰与道德的弘扬、人心的向善密切地联系在一起，使德治深深扎根在中华民族的文化土壤之中，最终才有可能演化成为德法互补互用、共同治国的方略。

---

〔1〕《礼记·月令》。

〔2〕《周礼·地官·大司徒》。

〔3〕《左传·襄公七年》。

〔4〕《管子·正》。

二、德治的价值取向在于化民

古文献中赞美唐尧是施行德政、以德化民的创始人，唐尧"克明俊德，以亲九族。九族既睦，平章百姓。百姓昭明，协和万邦"[1]。同时还赞美虞舜让位给有德之人，所谓"舜让（君位）于德，弗嗣"[2]。德治的出发点和归宿都在于重民、惠民、教民、以民为本，孔子曾以"养民以惠"[3]称赞郑国子产治国有方，并认为"惠则足以使人"[4]，他特别把"博施于民而能济众"看作不仅是"仁德"，而且是"圣德"。孟子进而论证了"以德行仁者王……以德服人者，中心悦而诚服也"[5]。

可见，德的功用主要在于教化，首先是化个人的不良心性，使之纳于德的规范之中。也就是运用德的标准进行教化，唤起人们内在的、正直的、善良的天性，即内化于心，使之自觉地远恶迁善，趋吉避凶，不仅远离犯罪，而且经过内省，使心灵净化，于潜移默化之中达到一种高尚的精神境界，所谓"日迁善而不自知"[6]。

德的功用其次是以德化不良之俗。由于古代中国是各地区政治、经济、文化发展不平衡的统一多民族的大国，因此

[1] 《尚书·尧典》。
[2] 《尚书·尧典》。
[3] 《论语·公冶长》。
[4] 《论语·阳货》。
[5] 《孟子·公孙丑上》。
[6] 《孟子·尽心上》。

流行于各地区的风俗多不相同。其中既有良善的风俗，也有荒诞、落后、愚昧的风俗，所谓"百里不同风"。而各地的风俗不是一朝一夕形成的，因此历代在以德化民的同时，也注意以德化俗，使妄诞之俗归于理性、邪恶之俗归于良善，务使不义不肖之徒明礼义、知廉耻，使四海同归于德化。如同宋人苏辙所说："然臣闻帝王之治，必先正风俗。风俗既正，中人以下皆自勉以为善；风俗一败，中人以上皆自弃而为恶……盖邪正盛衰之源，未有不始于此者也。"[1]

最后，德最重要的功用是以德化民。以德化民反映了政治家的视野由个人扩展到全国的民众，表现出一种博大的政治气魄和抱负。以德化民除以德的标准施教于民之外，更重要的是通过善政辅助善教，把施政的立足点移至为政以德。

西汉孝文帝以勤俭持国，力戒奢靡之风，广施善教、善政。史书称赞他："专务以德化民，是以海内殷富，兴于礼义。"[2]

隋文帝在褒奖齐州行参军王伽等人的诏书中指出"以德化人"能使刑措而不用："若临以至诚，明加劝导，则俗必从化，人皆迁善。往以海内乱离，德教废绝，官人无慈爱之心，兆庶怀奸诈之意，所以狱讼不息，浇薄难治。朕受命上天，安养万姓，思遵圣法，以德化人，朝夕孜孜，意在于此……若使官尽王伽之俦，人皆李参之辈，刑措不用，其何

---

[1]《续资治通鉴·宋纪七十九》。
[2]《史记·孝文本纪》。

远哉!"[1]

唐朝著名的文学家韩愈沿着《唐律疏议》所规定的"德礼为政教之本,刑罚为政教之用",进而阐述了"不如以德礼为先,而辅以政刑"[2] 的道理。

宋代理学家朱熹对于以德化民的潜移默化之功作了进一步的阐释,他说:"然政刑能使民远罪而已。德礼之效,则有以使民日迁善而不自知。"[3]

元朝徽州路达鲁花赤合剌不花以孝悌施政,《新元史》称他为以德化民的循吏:"合剌不花廉平自持,专务以德化民。"[4]

明嘉靖五年(1526年)三月,世宗皇帝在奉天殿测试天下贡士,曾在制诰中提到:"英君谊辟,固有专务。以德化民而致刑措之效。"[5]

清代顺、康两朝皇帝均迭颁诏书表达了以德化民之意。顺治十二年(1655年)冬十月戊辰日,诏曰:"帝王以德化民,以刑辅治。苟律例轻重失宜,官吏舞文出入,政平讼理,其道曷由。朕览谳狱本章,引用每多未惬。其以现行律例缮呈,朕将亲览更定之。"[6]

康熙二十年(1681年)正月戊寅日,谕三法司:"帝王

〔1〕《北史·循吏传》。

〔2〕（唐）韩愈:《潮州请置乡校牒》。

〔3〕（南宋）朱熹:《论语集注·学而》。

〔4〕《新元史·循吏传》。

〔5〕《明世宗实录·嘉靖五年三月》。

〔6〕《清史稿·世祖本纪》。

以德化民，以刑弼教，莫不敬慎庶狱，刑期无刑。故谳决之司，所关最重，必听断明允，拟议持平，乃能使民无冤抑，可几刑措之风。近览法司章奏，议决重犯甚多。愚民无知，身陷法网，或由教化未孚，或为饥寒所迫，以致习俗日偷，憨不畏法。每念及此，深为悯恻。"[1]

清代名吏陆陇其专务以德化民，"（康熙）十四年（1675年），授江南嘉定知县。嘉定大县，赋多俗侈。陇其守约持俭，务以德化民。或父讼子，泣而谕之，子掖父归而善事焉；弟讼兄，察导讼者杖之，兄弟皆感悔。恶少以其徒为暴，校于衢，视其悔而释之。豪家仆夺负薪者妻，发吏捕治之，豪折节为善人。讼不以吏胥逮民，有宗族争者以族长，有乡里争者以里老；又或使两造相要俱至，谓之自追。徵粮立挂比法，书其名以俟比，及数者自归；立甘限法，令以今限所不足倍输于后。"[2]

总括以上，历代统治者对于以德化民都十分重视，其事迹多见于史书记载，借以表征德治与善政。由于民是国家的构成元素，民安则国宁，因此，通过以德化民，使民心性陶冶，远恶迁善，既巩固了国家统治的群众基础，也有助于社会的稳定。正是在这一点上，表现出了德的治国之用。因为这个治国的路径不是直接的，而是曲折的、迂回的，是经过教民、化民实现的，而且这个路径还需得到法的配合才能实现。所以，古文献中无单独的以德治国的明确表述，孟子所

〔1〕《清实录·康熙二十年正月》。
〔2〕《清史稿·陆陇其传》。

说的"徒善不足以为政",无疑也是指德不能直接用做治国的手段。德、法之所以被古人说成是治国的二柄,就在于二者在实际的功用上有所不同:一为直接的治国手段,如法是也;一为间接的化民为治,如德是也。这表现了二者不同的着力点和价值取向。可见,古人对于德化的论说是理性的,是入世的,虽有价值取向的不同,但不能忽视其历史作用。正因为如此,德法结合、共同为治才成为古代政治家、思想家的治国方案,形成了数千年特有的治国理政传统。

三、德法互补、共治是历史发展的必然选择

(一)明德慎罚、德法共治的发端

由于德之功在于潜移默化的"化"上,并不具备国家的强制力,而国家是一个复杂的机器,为了推动国家机器的运转,需要具有各种强制性机构,如政府、军队、法庭、监狱等,还需要各种制度的共同推进,才能保证国家对外、对内职能的实施并达到治国理政的效果。因此只凭德化不足以胜残去杀,打击犯罪,维持国家的统治。从历史上看,德治论者可谓多矣,但在实践中却没有一个朝代只凭德治就能够维持其统治。德治只有与法治相结合,德法共治,才能使国家富强。历史雄辩地证明了这一点。

早在公元前 11 世纪,拥有"邦畿千里"和"如火如荼"般强大军队的商朝,却被"小邦周"瞬间推翻,这个历史的巨变使周朝的执政者周公深切意识到,商之亡,亡于"重刑

辟"，失德而"武伤百姓"，失掉了民众的支持，导致亡国亡身。因此，他在立国之始，一改商末以天为威、以刑制民的做法，把国家的基点建立在重民的基础上。他告诫说，"民情大可畏"[1]，"人无于水监，当于民监"[2]，强调"民之所欲，天必从之"[3]，以警醒周族统治者重民、保民。

正是在重民的思想基础上，周公提出礼乐政刑，综合为治的重大决策，史书说："周公摄政，一年救乱，二年克殷，三年践奄，四年建侯卫，五年营成周，六年制礼作乐，七年致政成王。"[4] 周公在制礼作乐的同时，还进行了立政和"作九刑"，使"礼乐政刑"成为综合为治的一个整体。如同《史记·乐书》所说："故礼以导其志，乐以和其声，政以一其行，刑以防其奸。礼乐刑政，其极一也，所以同民心而出治道也。"

作为"礼乐政刑"治国大计的重要一环，周公提出"克明德慎罚"的方略。"明德慎罚"把德与法首次联结在一起，是对商朝亡国之失的总结，也是德法互补、共治的伟大创新。它开辟了中国古代德法共治的先路。所谓明德，就是以德为施政的主宰，因而提倡尚德、敬德、成德，彰明德治。按《尚书·洪范》所载周初三德——正直、刚克、柔克，也就是用正直、坚毅、和顺加上礼乐共同主宰国家的施政和用刑

---

[1]《尚书·康诰》。
[2]《尚书·酒诰》。
[3]《尚书·泰誓上》。
[4]《尚书·大传》。

之道；并把明德与天意相连接，所谓"以德配天"，借以增强德的威慑力量。至于慎罚，就是刑罚得中，不"乱杀无罪、杀无辜"，以免"怨有同，是丛于厥身"[1]。只有明德才能做到慎罚，才能保民，由此，民的地位上升了，"民之所欲"受到了重视，而神意进一步遭到了贬低。

在"明德慎罚"治国方略的影响下，周朝不仅纠正了商末刑罚的乱用，也使得周朝法制发生了一系列的变革：

第一，以流、赎、鞭、扑四种刑罚续于墨、劓、剕、宫、大辟五刑之后，避免动辄用肉刑伤残人的肢体或生命。

第二，根据情节区别用刑。《尚书·康诰》载周公说："人有小罪、非眚，乃惟终……乃不可不杀。乃有大罪，非终，乃惟眚灾……时乃不可杀。"[2] 此意为过失、偶犯，从轻；故意、一贯，从重。这种区别用刑的原则也渗入了对于犯罪动机的考量，这在三千多年以前的周朝，是难能可贵的。与此同时，周朝还提出了罪疑从罚、罚疑从赦的原则，这个原则是后世无罪推定原则的最早形态，反映了中国古代法制的先进性。

第三，周公告诫康叔，要用中罚，并以司寇苏公为例："司寇苏公式敬尔由狱，以长我王国。兹式有慎，以列用中罚。"[3] 所谓"中罚"，就是刑罚宽严适度，使受刑者无怨，有助于社会的稳定。

---

[1]《尚书·无逸》。
[2]《尚书·康诰》。
[3]《尚书·立政》。

第四，为了准确地司法断罪，实行"三刺"之法，以倾听各方面的意见。"以三刺断庶民狱讼之中：一曰讯群臣，二曰讯群吏，三曰讯万民，听民之所刺宥，以施上服、下服之刑。"[1]

经过周公德法互补、共治，不仅稳定了周朝的统治，而且还造就了成康之治的盛世："民和睦，颂声兴。""天下安宁，刑错四十余年不用。"[2]

（二）法家的兴起和以法治国方略的形成

历史进入春秋时代，铁制生产工具的应用，使"辟草莱"成为可能，并推动了土地私有制的确立。地方经济的发展，使诸侯国日益强大，王权衰微，礼乐之治也已失去了控制社会和国家的作用。"明德"在诸侯国不断失德的冲击下，也失去了过去的风采。在这个时代大变动的背景下，如何治国，是政治家、思想家不断思考的问题。奉周礼为圭臬的儒家学派逐渐让位给新兴起的法家学派，法家奉行的法治逐渐取代了礼乐之治。早期法家代表人物是公元前7世纪齐国的管仲。他提出的"以法治国"的法治学说成为时代的最强音，在世界法制史上也是开篇之作。

《管子·明法解》说："明主者，一度量，立表仪，而坚守之。故令下而民从。法者，天下之程式也，万事之仪表也；吏者，民之所悬命也。故明主之治也，当于法者诛之。故以

----

[1]《周礼·秋官·小司寇》。
[2]《史记·周本纪》。

法诛罪，则民就死而不怨；以法量功，则民受赏而无德也。此以法举错之功也。故《明法》曰：'以法治国，则举错而已。'"〔1〕

管仲认为，法是治国之具，运用得好，无论是统一政令，还是依法施政，不过举措之间就可完成。他说，"威不两错，政不二门。以法治国，则举错而已。"〔2〕可见他对法治充满信心。他在齐国施政时，以富国强兵为目标，以尊王攘夷为号召，九合诸侯一匡天下，使齐国一跃成为五霸之首。孔子称赞管仲："桓公九合诸侯，不以兵车，管仲之力也。如其仁，如其仁。""管仲相桓公，霸诸侯，一匡天下，民到于今受其赐。微管仲，吾其被发左衽矣。"〔3〕

管仲论法的作用，经常与工具——特别是度量衡器相比拟，如："尺寸也，绳墨也，规矩也，衡石也，斗斛也，角量也，谓之'法'。""法律政令者，吏民规矩绳墨也。"〔4〕从而表现出了法律的工具价值。

管仲虽然提出并且奉行法治，但他并未完全否定周初的礼法之治，同时也以周天子为天下共主而相号召，表明了早期法家的一种思想。管仲所说"礼义廉耻，国之四维"表现了他的道德理念，并把它视作国家兴亡的重要因素。所谓"四维不张"，"国乃灭亡"〔5〕。他特别强调民富之后，必须

〔1〕《管子·明法解》。
〔2〕《管子·明法》。
〔3〕《论语·宪问》。
〔4〕《管子·七法》。
〔5〕《管子·牧民》。

继之以教化。所谓"仓廪实则知礼节，衣食足则知荣辱"[1]。

（三）儒家推出为政以德与以法治国相抗衡

春秋晚期奉行礼乐之治的孔子，面对日益尖锐的礼崩乐坏的形势和法家法治学说控制时代的潮流所向，力图宣扬"克己复礼""为政以德"之说，作为救世的一种声音。他对于破坏周初礼制的行为表示出极大的愤慨，当季氏"以八佾舞于庭"（按诸侯是六佾），他便发出"是可忍，孰不可忍"[2]的愤怒谴责；对于周初的礼乐之治，孔子也表示出怀旧之情，他说："礼乐不兴，则刑罚不中，刑罚不中，则民无所措手足。"[3]他虽然赞赏管仲以尊王攘夷为号召，九合诸侯一匡天下，但对管仲提出的以法治国则表示异议，甚至是鄙夷："道之以政，齐之以刑，民免而无耻；道之以德，齐之以礼，有耻且格。"[4]为了抗衡以法治国，他提出"为政以德"的主张，并且渲染为政以德的作用："为政以德，譬如北辰，居其所而众星拱之。"[5]也就是说以德为治国之本，既可以使国家稳定富强，也可以使百姓安居乐业，美誉播于天下，犹如北辰之在天。

---

[1]《管子·牧民》。
[2]《论语·八佾》。
[3]《论语·子路》。
[4]《论语·为政》。
[5]《论语·为政》。

在孔子为政以德的主张中，比较具有实际意义的，一是论证宽猛相济的施政原则，他说："政宽则民慢，慢则纠之以猛，猛则民残，残则施之以宽。宽以济猛，猛以济宽，政是以和。"〔1〕 二是重教化，认为"不教而杀谓之虐"〔2〕，并列为"四恶"之首。三是选择有德之人即"善人"执政，他说："善人为邦百年，亦可以胜残去杀矣。"〔3〕 四是无讼是求，他说："听讼，吾犹人也。必也使无讼乎！"〔4〕 除此之外，更多的是主张善教与德化，他在回答冉有"既富矣，又何加焉"的提问时，明确表示："教之。"〔5〕 在孔子看来，民众在解决衣食温饱之后，迫切需要的是被教化，使之明礼义、重廉耻、远罪恶、知是非、近善良、敦乡里、识大体、爱国家，能够自觉地进行内省自律，约束自己的行为，使之符合德的圣训和法律的规范。朱熹在总结为政以德的历史作用时说："为政以德，不是欲以德去为政，亦不是决然全无所作为，但德修于己而人自感化。"〔6〕 如同《易经》所说，"君子进德修业"。〔7〕

总括孔子关于为政以德的主张，基本停留在说教的阶段，并没有机会付诸实践。这是和孔子所处的春秋时代的历史背

〔1〕《左传·昭公二十年》。
〔2〕《论语·尧曰》。
〔3〕《论语·子路》。
〔4〕《论语·颜渊》
〔5〕《论语·子路》。
〔6〕（南宋）朱熹：《论语集注·学而》。
〔7〕《易经·乾卦》。

景分不开的。春秋时代是五霸争雄的时代，富国强兵是各国所追求的目标，克己复礼、为政以德已经与时代的潮流相悖，不为诸侯国所重视。因此，孔子周游列国，无果而终。

（四）法、术、势相结合的法治思想的应用

历史进入战国时代，法家显学的地位进一步巩固，法家代表人物纷纷走上政治舞台，他们主张的法治与早期管仲的主张有所不同，剔除了礼乐的影响，更直接地实行以法为治，借以富国强兵，夺取霸权。战国时期，周天子的共主地位已经彻底动摇，礼乐征伐不再从天子出，而自诸侯出，甚至从大夫出。为争夺霸权而进行的兼并战争连年不绝，以致"争城以战，杀人盈城，争地以战，杀人盈野"。秦国经过商鞅变法，一跃而为雄视中原的强国。作为法家学说集大成者的韩非晚于管仲四百余年，历史发展的巨大变动以及法家执政的得失极大地丰富了他的法治思想，形成了"法、术、势"三位一体的理论，虽然他没有执政变法便冤死狱中，但他的学说却受到秦始皇的赞扬："寡人得见此人与之游，死不恨矣！"[1] 秦统一后，在治国的实践中，基本上执行韩非的"法、术、势"之学。

关于韩非的生平，《史记》有所记载："韩非者，韩之诸公子也。喜刑名法术之学，而其归本于黄老。非为人口吃，不能道说，而善著书。与李斯俱事荀卿，斯自以为不如非。

---

[1] 《史记·韩非列传》。

非见韩之削弱，数以书谏韩王，韩王不能用。于是韩非疾治
国不务修明其法制，执势以御其臣下，富国强兵而以求人任
贤，反举浮淫之蠹而加之于功实之上。以为儒者用文乱法，
而侠者以武犯禁。宽则宠名誉之人，急则用介胄之士。今者
所养非所用，所用非所养。悲廉直不容于邪枉之臣，观往者
得失之变，故作《孤愤》《五蠹》《内外储》《说林》《说难》
十余万言。然韩非知说之难，为《说难》书甚具，终死于
秦，不能自脱。"〔1〕

　　韩非继管仲之后，再次发出"故以法治国，举措而已
矣"〔2〕的论断。他从国家制定、掌握法律并布之于百姓的
角度认为："法者，编著之图籍，设之于官府。而布之于百
姓者也。"〔3〕他还从人性自私自利而且不可改变的认识出
发，提出："吾以此知威势之可以禁暴，而德厚之不足以止
乱也。"〔4〕

　　韩非在总结法家学说的得失之后，强调以法为本，法、
术、势相结合，以治天下。他批评慎到只重势而略于法容易
走向人治的陷阱，反而使天下乱，他的结论是"抱法处世则
治"〔5〕。他也批评申不害"徒术而无法"，失去了判断是非
的标准和赏罚的根据，他强调法、术、势"不可一无，皆帝

〔1〕《史记·韩非列传》。
〔2〕《韩非子·有度》。
〔3〕《韩非子·难三》。
〔4〕《韩非子·显学》。
〔5〕《韩非子·难势》。

王之具也"[1]。在这里，法律工具价值的取向已经较之管仲昭告于世。法、术、势相结合的理论奠定了君主专制制度的理论基础。如同韩非所说："术者，藏之于胸中，以偶众端而潜御群臣者也。故法莫如显，而术不欲见。"[2]

韩非法、术、势三者统一的理论，成为"帝王之具"，为君主专制制度提供了理论基础，使君主居于高深莫测的最高权威地位，使得法家所主张的"一断于法"的法治学说走向了它的反面。历史的发展恰恰证明了这一点。秦始皇统一六国以后，以为天下莫予独也，肆行专制，以意违法，刑戮妄加，受肉刑者不可胜数，史书说当时"赭衣塞路，囹圄成市"，终致二世而亡。如果说秦之兴，兴于明法治；那么秦之亡，则亡于毁法治。中国古代法治的局限性就在于遇有明君，可以发挥法律治国的积极作用；遇有无道的昏君，不仅不能发挥法的积极作用，反而会坏法生事，害民误国。归根结底，中国古代的法治不过是君主人治下的法治。

（五）法治的原则及其价值

先秦法家从理论与实践的结合上抒发了法治的要义，提出了为后世所传承的法治原则，这些原则表现了法家高度的理性思维的成就，也为德法共治提供了重要的基础。

第一，论证了法的概念与作用。管子说："夫法者，所

---

〔1〕《韩非子·定法》。
〔2〕《韩非子·难三》。

以兴功惧暴也；律者，所以定分止争也；令者，所以令人知事也。法律政令者，吏民规矩绳墨也。"〔1〕"法者，天下之程式也，万事之仪表也。"〔2〕商鞅出于变法改制的需要，他的释法凸显了法的功用价值。他说："法令者，民之命也，为治之本也，所以备民也。"〔3〕韩非从国家制定法律的角度，认为："法者，编著之图籍，设之于官府，而布之于百姓者也。"〔4〕

第二，论证了法律的价值在于公平。为此，法家多以度量衡器来比喻法的客观与公平。管子说："尺寸也，绳墨也，规矩也，衡石也，斗斛也，角量也，谓之'法'。"〔5〕慎子说："有权衡者，不可欺以轻重；有尺寸者，不可差以长短；有法度者，不可巧以诈伪。"〔6〕东汉许慎说："灋，刑也，平之如水，从水；廌，所以触不直者；去之，从去。"〔7〕许慎对法的解释反映了法的本质属性，就是公平正义，因而，多为后世所沿用。唐时魏征论法的概念时，沿袭了先秦法家的观点，而且言简意赅，便于理解。他说："法，国之权衡也，时之准绳也。权衡所以定轻重，准绳所以正曲直。"〔8〕

第三，法是治国理政和控制社会的重要手段。如同管

〔1〕《管子·七臣七主》。
〔2〕《管子·明法解》。
〔3〕《商君书·定分》。
〔4〕《韩非子·难三》。
〔5〕《管子·七法》。
〔6〕《慎子·逸文》。
〔7〕《说文解字·廌部》。
〔8〕（唐）吴兢：《贞观政要·公平》。

子所说："虽圣人能生法，不能废法而治国。故虽有明智高行，倍法而治，是废规矩而正方圆也。"〔1〕韩非提出："国无常强，无常弱。奉法者强，则国强；奉法者弱，则国弱。"〔2〕又说："明法者强，慢法者弱。"〔3〕荀子也认为："隆礼至法则国有常。"〔4〕齐晏婴还以桓公扩疆土、成霸业来说明修法治之效："昔者先君桓公之地狭于今，修法治，广政教，以霸诸侯。"〔5〕慎到说："民一于君，事断于法，是国之大道也。"〔6〕

　　法也是控制社会的重要手段。法行则社会稳定，有利于经济文化的发展。管子说："申之以宪令，劝之以庆赏，振之以刑罚，故百姓皆说为善，则暴乱之行无由至矣。"〔7〕"是故夫至治之国，善以止奸为务。是何也？其法通乎人情，关乎治理也。"〔8〕韩非说："故其治国也，正明法，陈严刑，将以救群生之乱，去天下之祸，使强不陵弱，众不暴寡，耆老得遂，幼孤得长，边境不侵，君臣相亲，父子相保，而无死亡系虏之患，此亦功之至厚者也！"〔9〕

　　第四，以法约束为政者立公去私。慎到说："法之功，

〔1〕《管子·法法》。
〔2〕《韩非子·有度》。
〔3〕《韩非子·饰邪》。
〔4〕《荀子·君道》。
〔5〕《晏子春秋·谏上九》。
〔6〕《慎子·逸文》。
〔7〕《管子·权修》。
〔8〕《韩非子·制分》。
〔9〕《韩非子·奸劫弑臣》。

莫大使私不行；君之功，莫大使民不争。今立法而行私，是私与法争，其乱甚于无法……其乱甚于无君。故有道之国，法立则私议不行。"〔1〕韩非还从立法的目的性上论证了法的功用就在于废私："夫立法令者，以废私也，法令行而私道废矣。""所以治者，法也；所以乱者，私也。法立，则莫得为私矣，故曰：'道私者乱，道法者治。'"〔2〕"故当今之时，能去私曲就公法者，民安而国治；能去私行行公法者，则兵强而敌弱。"〔3〕对立公去私，管子提出了一个非常有价值的命题，就是首在最高执政者——君主，主正则臣行。管子说："为人君者，倍道弃法，而好行私，谓之乱。"〔4〕韩非说："明主之道，必明于公私之分，明法制，去私恩。"〔5〕

第五，以法安民、利民，使民效力于国。"民惟邦本，本固邦宁"是夏禹遗留的圣训，是历史证实过的颠扑不破的真理。历代思想家不仅注重以法安民，以得民心，还主张以法使民，使之效力于国。管子说："法立而民乐之，令出而民衔之，法令之合于民心如符节之相得也。"〔6〕荀子说："王者之法：等赋、政事、财万物，所以养万民也。"〔7〕韩非说："圣人之治民，度于本，不从其欲，期于利民而

---

〔1〕《慎子·逸文》。
〔2〕《韩非子·诡使》。
〔3〕《韩非子·有度》。
〔4〕《管子·君臣下》。
〔5〕《韩非子·饰邪》。
〔6〕《管子·形势解》。
〔7〕《荀子·王制》。

已。"[1] 王夫之说："天下有定理而无定法。定理者，知人而已矣，安民而已矣，进贤远奸而已矣。"[2]

除以法安民外，管子还着重论证了审法度，明赏罚，以使民效力于国。他说："凡牧民者，欲民之可御也；欲民之可御，则法不可不审……法者，将用民力者也；将用民力者，则禄赏不可不重也；禄赏加于无功，则民轻其禄赏；民轻其禄赏，则上无以劝民；上无以劝民，则令不行矣。法者，将用民能者也；将用民能者，则授官不可不审也；授官不审，则民间其治；民间其治，则理不上通；理不上通，则下怨其上；下怨其上，则令不行矣。法者，将用民之死命者也；用民之死命者，则刑罚不可不审；刑罚不审，则有辟就；有辟就，则杀不辜而赦有罪；杀不辜而赦有罪，则国不免于贼臣矣。"[3]

第六，以法断罪，不别亲疏。管子说："凡法事者，操持不可以不正；操持不正，则听治不公；听治不公，则治不尽理，事不尽应；治不尽理，则疏远微贱者无所告；事不尽应，则功利不尽举；功利不尽举，则国贫；疏远微贱者无所告，则下饶。"[4] 韩非所说"赏善不遗匹夫"[5] 最形象地表达了"法尚公平"的原则。"不别亲疏，不殊贵贱，一断

---

[1]《韩非子·心度》。

[2]（明）王夫之：《读通鉴论·光武》。

[3]《管子·权修》。

[4]《管子·版法解》。

[5]《韩非子·有度》。

于法"是以法治国确立的最主要的法治原则，也是法治优胜于"礼不下庶人"的礼治原则的主要区别点。但是，这个法治原则，在等级制的社会是很难贯彻的，法治集大成者的韩非就将君主列于法治之外，君主处势抱法治人而不治己。周礼的八辟之法，发展到唐代的八议之法，都公开维护特权者免于法律制裁。

第七，以法定分止争。法家在论证法律的起源时，多以定分止争为据，意为上古之时，物少而发生争夺，争则乱。因此，圣人出，为之定分，即等级名分。根据名分享有权利或应尽义务。名分既定，争夺亦息。此外，法家也多以定分止争来比喻法的功能。管子说："夫法者，所以兴功惧暴也，律者，所以定分止争也。"[1]

第八，以法确定赏罚的标准。法家非常重视明赏信罚，而以法为赏罚的标准。商鞅说："圣人之为国也，壹赏，壹刑，壹教。壹赏则兵无敌，壹刑则令行，壹教则下听上。"[2] 他还说："重罚轻赏，则上爱民，民死上；重赏轻罚，则上不爱民，民不死上。兴国行罚，民利且畏；行赏，民利且爱。"[3] 韩非说："治国之有法术赏罚，犹若陆行之有犀车良马也，水行之有轻舟便楫也，乘之者遂得其成。伊尹得之，汤以王；管仲得之，齐以霸；商君得之，秦以

---

[1]《管子·七臣七主》。
[2]《商君书·赏刑》。
[3]《商君书·去强》。

强。"[1]他还说："闻古之善用人者，必循天顺人而明赏罚。循天，则用力寡而功立；顺人，则刑罚省而令行；明赏罚，则伯夷、盗跖不乱。如此，则白黑分矣。"[2]

第九，法莫如显，使吏民知法。商鞅变法时，注重法治宣传，一时之间，"妇人、婴儿，皆言商君之法。"[3]他还阐述了吏民皆知法所取得的作用，"故天下之吏民，无不知法者，吏明知民知法令也。故吏不敢以非法遇民，民不敢犯法以干法官也。"[4]

第十，法与吏相结合。荀子从法与君子相互关系的角度论证了君子对于执法的重要作用。他说："法者，治之端也；君子者，法之原也。故有君子，则法虽省，足以遍矣；无君子，则法虽具，失先后之施，不能应事之变，足以乱矣。"[5]孟子说，"徒法不足以自行"[6]，还必须有良吏执法，才能把法律的规定变成实际的调整手段。

上述法治原则，产生于先秦时期，其价值穿越时空，影响后世，表现了法家法治学说的先进性，足以证明古人所说"国不可一日无法，有法则治，无法则乱"。但是，单纯任法使民经常怀有触法之惧，而不自安，民不安则社会不稳，国家不宁，法治也难以持久。因此，任法与任德须相向而行，

---

〔1〕《韩非子·奸劫弑臣》。
〔2〕《韩非子·用人》。
〔3〕《战国策·秦策三》。
〔4〕《商君书·定分》。
〔5〕《荀子·君道》。
〔6〕《孟子·离娄上》。

互相补充，互相支持，法得到德的支持而稳定，德以法为后盾可以扫清德的障碍。所谓治世，就是德法二者"相须而成"的效果。

（六）德主刑辅，德法共治的发展阶段

秦作为一个雄踞四海的强大帝国，却像是一个泥足巨人一样瞬间崩解。这个巨变留给汉初的政治家、思想家无尽的思考。其中以儒生陆贾和贾谊的总结最为深刻。

陆贾说："太公自布衣升三公之位，累世享千乘之爵；知伯仗威任力，兼三晋而亡。是以君子握道而治，据德而行，席仁而坐，杖义而强……齐桓公尚德以霸，秦二世尚刑而亡。故虐行则怨积，德布则功兴。"[1] 在这里，陆贾批评秦朝统治者只任法治民，而不任德以导民劝善，也就是单独任法而忽视德治的价值。劝善是预防犯罪于先，刑罚是惩治犯罪于已然之后。只关注已然之后，而漠视未然之先，也是秦法制的重要缺失。

贾谊在《过秦论》中提出，亡秦之失在于"秦王怀贪鄙之心，行自奋之智，不信功臣，不亲士民，废王道而立私爱，焚文书而酷刑法，先诈力而后仁义，以暴虐为天下始"[2]。他还鉴于秦朝任法任刑之弊，提出只有礼才是"固国家，定社稷，使君无失其民也"[3] 的根本。然而也不应废弃法律

---

[1] （西汉）陆贾：《新语·道基》。
[2] （西汉）贾谊：《过秦论中》。
[3] （西汉）贾谊：《新书·礼》。

而不用，因为"缘法循理谓之轨"[1]，否则治国理政将无轨可循。但礼与法应各有侧重，他说："夫礼者禁于将然之前，而法者禁于已然之后，是故法之所用易见，而礼之所为生难知也。"[2] 贾谊是提出"以礼为治之本，以法为治之用"的第一人，从而为引礼入法、德主刑辅制造了舆论的基础。

至于礼与德，二者具有同一性，既相通又互补，礼之用在于确立尊卑贵贱的等级秩序，德之用在于化人之性，使之趋于良善，而自觉地尊礼、重礼、守礼、行礼。人性合于德，便具备了遵守礼的基础，而人性悖于德，则有礼而不能行。正是在这一点上，唐人编写法典《唐律疏议》时，提出"德礼为政教之本"，以德冠于礼之先。宋人朱熹对此作了进一步的阐述，他说："愚谓政者，为治之具。刑者，辅治之法。德礼则所以出治之本，而德又礼之本也。"[3] 以上可见德治、礼治与法治三者之间的内在联系与相互关系。

陆贾和贾谊的总结，为汉武帝接受儒家的思想打下了基础。雄才大略的汉武帝以建立统一大帝国为抱负，他很欣赏儒家春秋大一统的学说，因为其可以为他的政治抱负提供理论和历史的依据，因而，他把视线由黄老之学移至儒学。

作为儒家代表人物的董仲舒提出德法互补互用之说，希望其成为汉朝治国的方略。他在《天人三策》中倡导儒学，主张"罢黜百家，独尊儒术"。他还传承周人明德慎罚和战

---

〔1〕 （西汉）贾谊：《新书·道术》。
〔2〕 《汉书·贾谊传》。
〔3〕 （南宋）朱熹《论语集注·学而》。

国时期荀子隆礼重法的学说，发展成一整套德刑关系的理论，为德主刑辅的国家治理方略奠定了理论基础。他以"天人感应"的思想和阴阳五行相辅相成的学说来论证德刑互补符合天道运行的规律："天道之大者在阴阳，阳为德，阴为刑，刑主杀而德主生。是故阳常居大夏而以生育养长为事，阴常居大冬而积于空虚不用之处，以此见天之任德不任刑也。……王者承天意以从事，故任德教而不任刑。刑者不可任以治世，犹阴之不可任以成岁也。为政而任刑，不顺于天，故先王莫之肯为也。""圣人法天而立道。"〔1〕"故圣人多其爱而少其严，厚其德而简其刑。"〔2〕董仲舒在论证"任德不任刑"〔3〕"大德而小刑""务德而不务刑"〔4〕的同时，也阐述了刑的地位和作用，认为"刑者，德之辅；阴者，阳之助也"〔5〕。实施以德教为主、以刑杀为辅的施政方针可以使百姓自觉遵守封建礼仪制度，出现"不令而行，不禁而止，从上之意，不待使之，若自然矣"的局面。但只用德教而不施刑罚也不足以巩固统治秩序，只有在进行德教的基础上辅之以刑罚，才是治理国家的理想方案。

汉武帝鉴于重德轻刑、德刑互补有助于汉朝的长治久安，因而采纳了董仲舒的主张。此后，儒家思想逐渐成为统治思想，儒家推崇的三纲五常成为立法的基本内涵。

---

〔1〕《汉书·董仲舒传》。
〔2〕《春秋繁露·基义》。
〔3〕《春秋繁露·基义》。
〔4〕《春秋繁露·阳尊阴卑》。
〔5〕《春秋繁露·天辨在人》。

武帝之后，宣帝由于长期生活在民间，比较注重实际，不过多考量意识形态，多以法吏执政。宣帝的做法受到太子（后来的元帝）的质疑，太子自幼熟读四书五经，"柔仁好儒"。史载，太子看到宣帝"所用多文法吏，以刑名绳下"，因而建言曰："陛下持刑太深，宜用儒生。"宣帝作色曰："汉家自有制度，本以霸王道杂之，奈何纯任德教，用周政乎！"[1] 所谓"霸王道杂之"，就是用儒家的仁政德礼之说饰于外，而以法家的刑名法术之学藏于内，实行外儒内法的国家治理方略。这个方略的设计是在总结秦亡的教训和汉朝建立以来施政实践经验的基础上完成的，反映了对德法两手并用、各尽其用的高度政治智慧。如前所述，儒家以礼、德、仁政、爱人为其学说的支撑点。法家以一断于法、君主独治、术势并重、信赏必罚为其学说的特征。外儒是源于儒家学术，符合中国的传统国情和民族心态，有着极深厚的文化底蕴，可以赢得民心，稳定社会，便于统治。以法家学说为内涵，有利于皇帝的专制统治和发挥法律的治世功能，可以收到"急功近利"之效。外儒佯宽，内法实猛，外儒内法就是宽猛相济的一种表现形式。由此不难理解，德主刑辅的治国方略对后世的深远影响。

刘向在《说苑》中对于"霸王道杂之"作了精辟的注解："治国有二机，刑德是也。王者尚其德而布其刑，霸者刑德并凑，强国先其刑而后德。夫刑德者，化之所由兴也。

---

[1]《汉书·宣帝纪》。

德者，养善而进阙者也；刑者，惩恶而禁后者也。故德化之崇者至于赏，刑罚之甚者至于诛。"〔1〕可见，外儒内法就是德主刑辅，是礼乐政刑治国方略的历史发展，也反映了儒法合流最后定于儒家一尊的政治现实。

东汉时期的儒家不仅摆脱了董仲舒以阴阳五行之说论证德法关系，还根据社会的发展丰富了德的内容，除正直、坚毅、和顺之外，诚信、忠孝、博爱、与人为善、光明正大等，也都构成了德新的内涵，从而扩大了道德的覆盖面。王符在《潜夫论·德化》中说："人君之治，莫大于道，莫盛于德，莫美于教，莫神于化。道者所以持之也，德者所以苞之也，教者所以知之也，化者所以致之也。民有性，有情，有化，有俗。情性者，心也，本也。化俗者，行也，末也。末生于本，行起于心。是以上君抚世，先其本而后其末，顺其心而理其行。心精苟正，则奸匿无所生，邪意无所载矣。"又说："是以圣帝明王，皆敦德化而薄威刑。德者所以修己也，威者所以治人也。上智与下愚之民少，而中庸之民多。中民之生世也，犹铄金之在炉也，从笃变化，惟冶所为，方圆薄厚，随镕制尔。"〔2〕

王充在《论衡·非韩》中说："治国之道，所养有二：一曰养德，二曰养力。养德者，养名高之人，以示能敬贤；养力者，养气力之士，以明能用兵。此所谓文武张设，德力具足者也，事或可以德怀，或可以力摧。外以德自立，内以

---

〔1〕（西汉）刘向：《说苑·政理》。
〔2〕（东汉）王符：《潜夫论·德化》。

力自备。慕德者不战而服，犯德者畏兵而却。徐偃王修行仁义，陆地朝者三十二国，强楚闻之，举兵而灭之。此有德守，无力备者也。夫德不可独任以治国，力不可直任以御敌也。韩子之术不养德，偃王之操不任力。二者偏驳，各有不足。偃王有无力之祸，知韩子必有无德之患。凡人禀性也，清浊贪廉，各有操行，犹草木异质，不可复变易也。狂谲、华士不仕于齐，犹段干木不仕于魏矣。性行清廉，不贪富贵，非时疾世，义不苟仕，虽不诛此人，此人行不可随也。太公诛之，韩子是之，是谓人无性行，草木无质也。太公诛二子，使齐有二子之类，必不为二子见诛之故，不清其身；使无二子之类，虽养之，终无其化。尧不诛许由，唐民不皆樔处；武王不诛伯夷，周民不皆隐饿；魏文侯式段干木之闾，魏国不皆阖门。由此言之，太公不诛二子，齐国亦不皆不仕。何则？清廉之行，人所不能为也。夫人所不能为，养使为之，不能使劝；人所能为，诛以禁之，不能使止。然则太公诛二子，无益於化，空杀无辜之民。赏无功，杀无辜，韩子所非也。太公杀无辜，韩子是之，以韩子之术杀无辜也。夫执不仕者，未必有正罪也，太公诛之。如出仕未有功，太公肯赏之乎？赏须功而加，罚待罪而施。使太公不赏出仕未有功之人，则其诛不仕未有罪之民，非也；而韩子是之，失误之言也。"[1]

仲长统说："德教者，人君之常任也，而刑罚为之佐助焉。古之圣帝明王，所以能亲百姓、训五品、和万邦、蕃黎

---

[1] （东汉）王充：《论衡·非韩》。

民、召天地之嘉应、降鬼神之吉灵者，实德是为，而非刑之攸致也。"[1]

德主刑辅的治国方略不仅沿袭了周初明德慎罚的传统，而且是亡秦教训的总结与概括，表现了德法共治进入了一个新的发展阶段。德主刑辅符合国家稳定的发展要求，有利于缓和社会矛盾，推动社会经济的发展。

德主刑辅的治国方略使得立法沿着以德为主宰的轨道运行，对司法制度的设计和建构也都渗透了明刑弼教的理念，特别是百姓遵守道德的义务与遵守法律的义务相统一，既有利于法律的稳定，同时也减少了适用法律的阻力。因此，德主刑辅自汉以后，一直延续到整个封建社会。

（七）德礼为本、刑罚为用，德法共治的定型阶段

由汉至唐，有关德主刑辅综合治国的论者不绝如缕。

《晋书·四夷列传》曰："经国者，德礼也；济世者，刑法也。二者或差，则纲维失绪。"[2]唐人颜师古在为《汉书·酷吏传》作注时说："《论语》载孔子之言也。格，至也。谓御以政刑，则人思苟免，不耻于恶；化以德礼，则下知愧辱，而至于治也。"[3]正是沿袭汉以来的德法互补学说的潮流，唐朝才有可能把它推进到一个新的阶段，并使德刑之说进一步丰富。

---

〔1〕（东汉）仲长统：《昌言》。
〔2〕《晋书·四夷列传》。
〔3〕《汉书·酷吏传》。

《贞观政要》记载了太宗时期君臣论政所得出的结论："盖政者为治之具，刑者辅治之法。德礼者，出治之本，而德又礼之本也。后世之为治者，德礼有愧，教化不先，非惟德礼不能使民有耻且格，而政刑亦不能使民免而无耻矣，甚而至于罪丽于十恶，尚忍言之哉！"〔1〕

特别是高宗时期制定的中国古代最具代表性的法典《唐律疏议》开宗明义便在"名例"篇的序言中宣布："德礼为政教之本，刑罚为政教之用。"〔2〕这是汉以来德主刑辅的重大发展。

"德礼为政教之本"比起单纯的"德主"，突出显示了"德礼"在政教中的本体地位。至于"刑罚为政教之用"，比起单纯的"刑辅"，更明白晓示了"刑罚"在政教中的作用。唐律还将德礼、刑罚的本用互补关系比喻为自然现象的"昏晓阳秋"，以示二者的内在联系、永恒不变，所谓"犹昏晓阳秋，相须而成者也"。唐人设计的治国方略一直影响到后世。

根据孝亲亲伦的道德要求，唐律规定，"诸子孙违犯教令及供养有缺者，徒二年。"又如，一般"斗殴人者笞四十"，但"诸殴缌麻兄姊，杖一百。小功、大功，各递加一等。尊属者，又各加一等。""诸殴兄姊者，徒二年半。……伯叔父母、姑、外祖父母，各加一等。""诸殴祖父母父母者，斩。"〔3〕由于亲属之间亲疏有别，长幼有序，所以以卑犯尊，根据亲等处以

---

〔1〕（唐）吴兢：《贞观政要·刑法》。
〔2〕《唐律疏议·名例》。
〔3〕《唐律疏议·斗讼》。

不同刑罚，这是德礼所要求于法律的。

德礼与法律都产生于中华民族的文化土壤，都以维护国家的稳定富强为目标，因此二者相向而行，具有一致性。德礼既是国家立法的思想指导，也是国家司法的重要准则。由此，道德的地位日益凸显，并受到国家法律的保护。在司法实践中，司法官宁可不依律，也不可不循公认的德。不依律所责者是职务，不循德所责者是人格。由于唐代科举取士的重要内容是儒家经典，因此唐代官员明德礼者多于明法，他们对以德礼断案并不陌生。

但是由于德与法各有其侧重点，因而在实践（特别是司法实践）中也会产生矛盾，针对此项矛盾，或为了维护法律的权威按法办理，或为了弘扬德的价值按德施行，最终均以国家利益为依归。例如，孔子倡导"子为父隐，父为子隐"，并认为"直在其中矣"。此项说教，汉宣帝时不仅认可，而且下诏说："父子之亲，夫妇之道，天性也，虽有祸患犹蒙死而存之，诚爱结于心，仁厚之至也，岂能违之哉！自今子首匿父母、妻匿夫、孙匿大父母，皆勿坐；其父母匿子、夫匿妻、大父母匿孙，罪殊死，皆上请廷尉以闻。"[1] 根据宣帝诏制定为法律，并长久适用。但是此项以德为宗旨的法律，在适用上以非重大犯罪为条件，如系重大犯罪，则不适用容隐的法律，以示国家法律的严肃性。在这里法律扮演了解决矛盾的角色。

***

[1]《汉书·宣帝纪》。

再如，按律杀人者死，但有时出于道德考量又免于死罪，唐律中留养承祀是一例。"诸犯死罪非十恶，而祖父母、父母老疾应侍，家无期亲成丁者，上请。"即由皇帝裁决免死。明、清律中仿唐律制订有存留养亲的律文。《大清律例》规定："凡犯死罪，非常赦所不原者，而祖父母（高、曾同）、父母老（七十以上）、疾（笃、废）应侍（或老或疾），家无以次成丁（十六以上）者（即与独子无异，有司推问明白），开具所犯罪名（并应侍缘由），奏闻，取自上裁。若犯徒、流（而祖父母、父母老疾，无人侍养）者，止杖一百，余罪收赎，存留养亲（军犯准此）。"但是前提条件是"非常赦所不原"的大罪，即一般性犯罪而非重大的或政治性的犯罪；存留养亲的最后决定权"取自上裁"，即取决于圣意。在中国古代杀人偿命是严格的国法，而留养承祀或存留养亲，则是一种使罪犯曲尽孝道的道德上的措施。当然，存留养亲也有着许多限制性的规定，如，兄弟二人俱犯死罪，存留一人养亲；罪犯之母守节逾二十年，并年在五十岁以上；救亲情切杀人或擅杀有罪之人（若被杀者也属"亲老丁单"，则不准留养）；等等。清朝每年举行的秋审大典，按"情实""缓决""可矜""留养承祀"四类奏请上裁。《大清会典》规定，秋审官"将情实、缓决、可矜、留养承祀各犯，详加参酌，平情定拟"[1]。留养承祀与存留养亲，只是文字表达上的不同，其内容是一致的。这项法律规定表现了法与德的

---

[1]《大清会典·光绪朝》。

矛盾经过调整后达到的统一。

以上二例，说明德与法的矛盾，其最终调解都是以国家利益为依归，这是德法互补互用，共同治国的基础。

除此之外，作为九五之尊的皇帝有时也以最高的权威屈法伸情，借以弘扬德化，以重典治乱世的明太祖也曾一而再，再而三地为孝子屈法伸情，企图借此弘风阐化，以形成良好的社会风气。如，"民父以诬逮，其子诉于刑部，法司坐以越诉。太祖曰：'子诉父枉，出于至情，不可罪。'"再如，"有子犯法，父贿求免者，御史欲并论父。太祖曰：'子论死，父救之，情也。但论其子，赦其父。'"〔1〕又如，洪武八年（1375年）正月癸丑，"淮安府山阳县民有父得罪当杖，请以身代。上谓刑部臣曰：'父子之亲，天性也。然不亲不逊之徒，亲遭患难，有坐视而不顾者。今此人以身代父，出于至情，朕为孝子屈法，以劝励天下，其释之。'"〔2〕

宋时，被理学家朱熹称赞为"无书不读""无物不格"的陈淳，对德礼政刑综合治理的价值作了较为全面的带有总结性的论证。他说："政者，为治之具，若法制、禁令，凡听断约束之类是也。刑者，辅治之法，若墨、劓、剕、宫、大辟、鞭扑之类是也。以政先示之，则民有所振厉而敛戢矣。其或未能一于从吾政者，则用刑以齐一之，俾强梗者不得以贼善良，而奸慝者不得以败伦理。故民亦畏威革面，不敢为恶，以苟免于刑罚。然无所羞愧，则其为恶之心未亡也。德

〔1〕《明史·刑法志》。
〔2〕《明太祖实录·洪武八年正月》。

礼者，所以出治之本。而德又礼之本，乃吾躬行之所实得者，若孝悌忠信之类是也。礼则制度品节，若冠昏丧祭之仪是也。以己德先率之，则民有所观感而兴起矣。而其浅深厚薄之不一，则明礼以齐一之，俾之周旋浃洽，良心日萌，自将愧耻于不善，而又有以格至于善也。是四者功用之不同，而皆不可以偏废。若专务德礼，而不用政刑，则徒善不足以为政；专用政刑，而不务德礼，则又徒法不能以自行。"[1]

朱熹对此也做了进一步的补充，他说："谓政刑但使之远罪而已。若是格其非心，非德礼不可。圣人为天下，何曾废刑政来？""不可专恃刑政，然有德礼而无刑政又做不得。"[2]"圣人亦不曾徒用政刑。到德礼既行，天下既治，亦不曾不用政刑。故《书》说'刑期于无刑'，只是存心期于无，而刑初非可废。"[3]"愚谓政者，为治之具；刑者，辅治之法；德礼则所以出治之本，而德又礼之本也。此其相为始终。虽不可以偏废，然政刑能使民远罪而已，德礼之效，则有以使民日迁善而不自知。故治民者不可徒恃其末，又当深探其本也。"[4]

明末清初思想家王夫之在《读通鉴论》中还从总结历史经验的角度，阐述了纯任德化不足以为治以及德法共治的历史选项。他说："以德化民至矣哉！化者，天事也，天自有其理气，行乎其不容已，物自顺乎其则而不知。圣人之德，

---

[1] （南宋）陈淳：《北溪大全集》卷十八。
[2] 《朱子语类·论语五》。
[3] 《朱子语类·尚书一》。
[4] （南宋）朱熹：《论语集注·学而》。

非以取则于天也，自修其不容已，而人见为德。人亦非能取则于圣人也，各以其才之大小纯驳，行乎其不容已，而已化矣。故至矣、尚矣，绝乎人而天矣。谓其以德化者，人推本而为之言也；非圣人以之，如以薪炀火，以勺斟水，执此而取彼之谓也。夫以德而求化民，则不如以政而治民矣。政者，所以治也。立政之志，本期乎治，以是而治之，持券取偿而得其固然也，则犹诚也。持德而以之化民，则以化民故而饰德，其德伪矣。挟一言一行之循乎道，而取偿于民，顽者侮之，黠者亦饰伪以应之，上下相率以伪，君子之所甚贱，乱败之及，一发而不可收也。"[1]

清乾隆帝也从施政的经验中认同了王夫之的观点，他在乾隆二十二年（1757 年）冬十月壬申谕内外问刑衙门官员时说："夫驭民之道，不贵刑治而贵以德化。吾君臣不能以德化民，是可愧也。"接着他话锋一转："然德所不能化，非刑其何以治之？若徒博宽厚之美名，因循姑息，致奸匪毫无惩儆，谳狱日益繁多，岂所论于刑期无刑之道哉？"最后他严令："将此通行传谕内外问刑衙门知之。"[2]

可见，只有德法互补、各展其长、共同治国，才能充分发挥德法作为治国之二柄的作用。

总括上述，德法互补、共治是中国古代国家治理的成功经验，也是历史发展规律的体现。由于历代的历史条件的不同，使德法互补的内涵也不断地被丰富，显示了德法互补既

---

〔1〕（明）王夫之：《读通鉴论·隋文帝》。
〔2〕《清实录·乾隆二十二年十月》。

有阶段性，也有连续性和一贯性。它符合中国古代的国情，是先哲们充满理性的伟大创造，反映了中国古代具有鲜明特色的道德观、法律观，也彰显了独树一帜的法文化的先进性和特殊性。凡是德法互补、共同治国成功的朝代，均为盛世，因此，从史鉴的角度来考察中国古代德法互补治国方略的设计与实施及其历史经验，很有现实意义。当前的中国正在实行依法治国和以德治国相结合的治国大计，党的十九大报告再次强调"坚持依法治国和以德治国相结合"。这里"坚持"和"结合"四字是铿锵有力的，是不可动摇的。同时十九大报告还指出："文化自信是一个国家、一个民族发展中更基本、更深沉、更持久的力量。""坚守中华文化立场。""推动中华优秀传统文化创造性转化、创新性发展。"中华法文化是中华优秀传统文化的重要组成部分，是文化自信的智慧来源。本文试图将德法互补、互用，共同为治的法文化融入新时代中国特色社会主义法治建设的实践之中，以充分发挥它的历史镜鉴价值。

依法治国，历史发展的必然

——全面依法治国是国家治理的一场深刻革命

中国有着五千余年从未中断的法制文明史。每当社会转型的大变革时期，或是中华民族遭遇民族危机的严峻时刻，法治也都相应地发生重大改革，或成为推动社会进步的力量，或成为爱国者所追求的挽救时艰的良策。

战国时期，"以法治国"模式提出以后，被列国群起仿效，以法为治取代了周初的礼乐之治，适应了社会经济政治发展的新潮流。尤其是秦国自商鞅变法以后，国富兵强，终于兼并六国，统一了天下。但秦二世不旋踵而亡，同样不是偶然的。如果说秦之兴源于重法家之学，以法图治。那么秦之亡则源于毁法治，以臆违法，刑戮妄加，以致天下人苦秦法久矣。世人由此得出了奉法者强、毁法者亡的历史结论。

继秦而起的汉朝，执行"外儒内法""霸王道杂之"的治国模式，虽以儒家德礼之说为外貌，但实际奉行的依然是以法为治国之具。这一情况一直延续到晚清。

19 世纪中叶以后，中国遭遇了"三千年未有之剧变"，爱国的思想家为了救亡图存，向西学寻求治国良方。君主立宪式的法治国家是他们的梦想和追求。然而他们虽设计了治国方案，但由于没有强有力的政权支撑和深厚的群众基础，君主立宪式的法治国家最终成为可望而不可及的空想。

1949 年中华人民共和国成立以后，社会主义的法制经过了跌宕起伏的变化，终于走上了依法治国的道路。历史证明，依法治国不同于传统的"帝王之具"的以法治国，它是法治的质的飞跃；依法治国也远远超越了维新志士们的梦想与追求。依法治国还彻底克服了法律虚无主义的严重干扰，成为建设社会主义法治国家的治国方略。历史雄辩地说明了依法治国符合中国的国情与全国人民的愿望，是历史发展的必然。当举国欢庆新时代国家建设宏伟蓝图的时候，回顾依法治国所经历的古今之变，更会激发我们以自己的行动自觉地执行依法治国的各项规定，为更加丰富、更加完美的新时代的国家建设事业贡献力量。

一、"依法治国"与"以法治国"虽一字之差，却是质的飞跃

历史进入春秋战国，社会发生了大变动，铁制生产工具的广泛应用，使得"辟草莱"成为可能，从而推动了土地私有制的确立，促进了地方经济的发展，加强了诸侯和卿大夫的独立性。周初所确立的宗法等级制度和礼乐之治已经失去了控制社会和国家的作用，而处于瓦解状态。在无休止的争

夺疆土与权力的战争中，礼崩乐坏已不可避免。各诸侯国统治者为了富国强兵，夺取兼并战争的胜利，都在寻求一种新的有效的治军、治国和驭民的手段，以取代丧失约束力的礼乐之治。

在这个时代大变动的背景下，如何确定新的治国模式，是政治家、思想家不断思考的问题。儒墨道法各家学派纷起论辩，蔚成百家争鸣的学术氛围。法家以其"不法古，不循今"的历史观和"不务德而务法""以力服人"的政治观，以及"不别亲疏，不殊贵贱，一断于法"的法治观，逐渐赢得了雄心勃勃的诸侯国的支持。奉周礼为圭臬的儒家学派逐渐让位给新兴起的法家学派，法家奉行的法治取代了礼乐之治。

公元前 7 世纪，早期法家代表人物管仲提出："威不两错，政不二门，以法治国，则举错而已。"[1] "以法治国"的法治学说的提出，成为当时的时代最强音，在世界法制史上也是最早的以法治国的开篇之作。

法家不仅是言者，而且是行者。他们在各国推行的变法顺应了时代潮流，取得了很大的成功。随着以法治国的国家模式逐渐地实现，以法家为代表的学说也成为显学。尤其是秦国经过商鞅变法，国富兵强，实现了统一天下，这是法家学说所产生的巨大物质力量的标志。经过法家的理论宣传和成功的实践，以法治国的法律工具主义长久影响于后世。

---

[1] 《管子·明法》。

先秦法家从理论与实践的结合上抒发了法治的要义，为世界法治学说增添了异彩：

关于法律的起源。商鞅说："古者未有君臣上下之时，民乱而不治，是以圣人列贵贱，制爵位，立名号，以别君臣上下之义。地广、民众、万物多，故分五官而守之。民众而奸邪生，故立法制、为度量以禁之。"[1]

关于法律的概念。管子说："法者，天下之程式也，万事之仪表也。"[2] 商鞅出于变法改制的需要，他的释法凸显了法的功用价值。他说："法令者，民之命也，为治之本也，所以备民也。"[3] 韩非说："法者，宪令著于官府，刑罚必于民心，赏存乎慎法，而罚加乎奸令者也"。[4]

关于法律的功能。管子说："夫法者所以兴功惧暴也；律者所以定分止争也；令者所以令人知事也，法律政令者，吏民规矩绳墨也。"[5] 又说："法者，天下之仪也，所以决疑而明是非也，百姓所县命也。"[6] "……故治国使众莫如法，禁淫止暴莫如刑。"[7] 商鞅说："君臣释法任私必乱……故法者，国之权衡也。"[8] 韩非说："故矫上之失，诘下之邪，治乱决缪，绌羡齐非，一民之轨，莫如法。属官威

---

〔1〕《商君书·君臣》。
〔2〕《管子·明法解》。
〔3〕《商君书·定分》。
〔4〕《韩非子·定法》。
〔5〕《管子·七臣七主》。
〔6〕《管子·禁藏》。
〔7〕《管子·明法解》。
〔8〕《商君书·修权》。

名，退淫殆，止诈伪，莫如刑。"[1]

关于法律的公开性。韩非说："法者，编著之图籍，设之于官府，而布之于百姓者也……故法莫如显。"[2] 商鞅说："故圣人为法，必使之明白易知。"[3]

关于法律的客观性。管子说："尺寸也，绳墨也，规矩也，衡石也，斗斛也，角量也，谓之'法'。"[4] 商鞅说："先王县权衡，立尺寸，而至今法之，其分明也……故法者，国之权衡也……中程者赏之，毁公者诛之。"[5]

关于法律的强制性。商鞅说："圣人有必信之性，又有使天下不得不信之法。"[6] "刑无等级，自卿相将军以至大夫庶人，有不从王令、犯国禁、乱上制者，罪死不赦。"[7] 又说："守法守制之吏有不行王法者，罪死不赦，刑及三族。"[8]

关于法律的平等性。管子说："君臣上下贵贱皆从法，此谓为大治。"[9] 韩非说："刑过不避大臣，赏善不遗匹夫。"[10] "不避亲贵，法行所爱。"[11]

---

[1]《韩非子·有度》。
[2]《韩非子·难三》。
[3]《商君书·定分》。
[4]《管子·七法》。
[5]《商君书·修权》。
[6]《商君书·画策》。
[7]《商君书·赏刑》。
[8]《商君书·赏刑》。
[9]《管子·任法》。
[10]《韩非子·有度》。
[11]《韩非子·外储说右上》。

关于立法。管子说："夫生法者君也，守法者臣也，法于法者民也。"[1] 韩非说："故治民无常，唯治为法。法与时转则治，治与世宜则有功……时移而治不易者乱。"[2]

关于行法。管子说："是故明君知民之必以上为心也，故置法以自治，立仪以自正也；故上不行，则民不从，彼民不服法死制，则国必乱矣。"[3] 韩非说："韩昭侯谓申子曰：'法度甚［不］易行也。'申子曰：'法者见功而与赏，因能而授官，今君设法度，而听左右之请，此所以难行也'。昭侯曰：'吾自今以来知行法矣。'"[4] 慎到说："法之功莫大使私不行，君之功莫大使民不争。今立法而行私，是私与法争，其乱甚于无法。"[5] 商鞅说："法已定矣，不以善言害法。"[6]

关于法治与国家。管子说："威不两错，政不二门，以法治国，则举错而已。"[7] 商鞅说："明王之治天下也，缘法而治。"[8] 韩非说："国无常强，无常弱。奉法者强，则国强；奉法者弱，则国弱。"[9]

由上可见，春秋战国时期法家关于法治学说的论述，是

---

[1] 《管子·任法》。
[2] 《韩非子·心度》。
[3] 《管子·法法》。
[4] 《韩非子·外储说左上》。
[5] 《慎子·逸文》。
[6] 《商君书·靳令》。
[7] 《管子·明法》。
[8] 《商君书·君臣》。
[9] 《韩非子·有度》。

中国古代法理学的集中体现，充满了论辩的精神和理性的思维，丰富了以法治国的内涵，并为以法治国的运营提供了可操作性，在世界法治学说中也独领风骚。

法家以法治国的国家模式是在与儒、墨、道各派的治国模式进行论辩、比较，并战而胜之以后才确立的，它的成功体现了时代的潮流所向。对此，梁启超曾作过历史的考证和总结，他说："法治主义对于放任主义，则彼乃不治的，而此乃治的也；其对于人治主义，则彼乃无格式的，而此乃有格式的也；其对于礼治主义，则彼乃无强制力的，而此乃有强制力的也；其对于势治主义，则彼乃无限制的，而此乃有限制的也。此法治主义之位置也。"[1]

但是法家所主张的重刑轻罪，所谓"王者刑用于将过，则大邪不生"[2]，"故行刑，重其轻者，轻者不生，则重者无从至矣"[3] 破坏了罪刑相当的法治原则。这对于秦统一以后的屈法滥刑埋下了伏笔。而法家关于"法生于君"、法为"帝王之具"、君主"处势抱法则治"等观点，又为皇权凌驾于法律、法律附庸于皇权提供了理论根据。由此也决定了封建时代的法治只能是君主人治主宰下的法治，法律不过是君主手中治理国家的工具。

春秋战国时期以法治国的国家模式，是基于特定的社会发展的需要而出现的。秦的强盛和统一，从一定意义说来正

---

〔1〕 梁启超：《饮冰室合集·中国法理学发达史》。
〔2〕 《商君书·开塞》。
〔3〕 《商君书·说民》。

是成功地实践法治的结果。但是韩非所阐述的法、术是"帝王之具"的观点,为君主专制统治提供了理论基础,对后世专制制度的建立与发展都有一定的影响。

汉以后,虽然结束了单纯的任法为治,法治与德礼之治开始结合,成为一个较为固定的模式。但法为"帝王之具"、是君主操纵下的治国之具的实质并未改变。因此,遇有明君可以发挥法律的治世功能,如唐太宗、宋太祖是也;如遇昏君,不仅不能发挥法律的功能,反而任意用法毁法,造成暴政,终于亡国,此类史例迭见于文献记载。由此可见中国古代以法治国的局限性,以及它与依法治国的本质差别。

以法治国是法律工具主义,法律是君主手中的治国之具,君主不仅超越于法律之上,而且可以随时改变成法,所谓"生法者君也"。而中国共产党提出的依法治国则是法律的权威主义,宪法与法律具有无上的权威,任何人都要在宪法和法律的范围内活动,都平等地接受法律的约束和制裁。"依法"和"以法"虽只有一字之差,但在性质上却是质的飞跃。为了全面推行依法治国的方略,仍然有必要对于沿袭数千年之久的法律工具论的消极影响加以肃清。这是一项革除传统法律意识的深刻的革命。

依法治国是马克思理论与社会主义实践相结合的伟大创新,是对传统法文化有关法治学说的科学总结,也是具有中国特色的社会主义国家的法治典范。

二、依法治国，与维新派所追求的法治国家划清了界限

1840 年鸦片战争以后，中国陷入了深刻的国家危机和民族危机。中华民族与外国侵略者的矛盾，上升为中国的主要矛盾。为了解救民族危机而展开的救亡图存的斗争，成为中国近代史上一条主线和核心内容。在严峻的现实面前，不同的阶级阶层纷纷提出了不同的救国方案。鸦片战争后十年发生了太平天国运动，要以天国取代清朝，以"天法"取代"妖法"。而最终太平天国的失败说明在当时的历史条件下，农民阶级的救国方案是没有出路的。但是太平天国后期领导人洪仁玕撰写的《资政新篇》，却为我们保留了一个粗线条的实行资产阶级法治的雏形。

19 世纪 60 年代以后，清朝统治集团内部发起了以中体西用为指导的洋务运动，表现了他们企图借此自存、自强，继续维持清朝政权的意图。

19 世纪 70 年代至 19 世纪末，随着民族危机的加深和西学东渐的深入，代表民族资产阶级上层的改良派和维新派，已经把改革的触角伸向国家的政体，提出君主立宪的国家方案。特别是清政府在 1894～1895 年中日甲午战争中的失败，宣告了经营数十年的洋务新政的彻底破产。日本侵略者强迫清政府签订的不平等的《马关条约》，以及帝国主义列强争夺租界地和划分势力范围的竞争，使中国面临着被帝国主义列强瓜分的危险。严峻的民族危机强烈地激发了中华民族的

觉醒，救亡图存、变法自强的呼声成为时代的最强音。19 世纪 70 年代以来的改良变法思想终于形成一股社会思潮，并迅速地推动了一场政治改革运动——戊戌变法。梁启超曾指出："唤起吾国四千年之大梦，实自甲午一役始也……鼾睡之声乃渐惊起。"〔1〕又说："自甲午东事败后，朝野乃知旧法不足恃，于是言变法者乃纷纷。……强学会《时务报》大呼于天下，天下人士咸知变法，风气大开矣。"〔2〕

在维新派设计的君主立宪的国家方案中，实行资产阶级的法治国家是基本的内容之一。为此他们积极地翻译西书，制造舆论，创办学会、学堂、报馆、书局，宣传和传播西方的政治法律。在这个过程中，严复和梁启超起了重要的历史性的作用。

严复（1853~1921）又名宗光，字又陵，又字几道，福建侯官人。1867 年考入福州船政学堂，学习驾驶。毕业后，在清朝海军中任职。1877 年被派往英国学习驾驶，但他却留意英国的社会制度和资产阶级的社会学说，赞赏英国的君主立宪政体和法律制度。他回国以后，为了救亡图存，运用资产阶级的庸俗进化论、天赋人权论等学说，阐发变法图强的主张；强调"早一日变计，早一日转机，若尚因循，行将无及"。〔3〕1895 年他发表了《原强》《辟韩》《救亡决论》《论世变之亟》等文章，提出"鼓民力""开民智""新民德"

---

〔1〕 梁启超：《戊戌政变记·改革起原记》。
〔2〕 梁启超：《戊戌政变记·上谕恭跋》。
〔3〕 《严几道文钞·救亡决论》。

三项可使中国富强的办法。并且译出和刊行了赫胥黎的《天演论》，以"物竞天择，适者生存"的进化论观点，警醒国人救亡图存，成为当时鼓吹变法维新的重要理论根据。严复本人也因此被称为"严天演"，说明对当时思想界震动之大。百日维新失败后，他更致力于翻译工作，先后译出亚当·斯密的《原富》、孟德斯鸠的《法意》、穆勒的《名学》《群己权界论》以及斯宾塞的《群学肄言》等著作，使我国知识界接触到西方资产阶级社会科学的名著，特别是为学习西方资产阶级法学提供了第一手资料。

梁启超（1873～1927）字卓如，号任公，广东新会人。1889年中举人，受业于康有为，在康有为的指导下开始接触西学。1894年梁启超赴京会试，正值中日甲午战争，他"惋愤时局，时有所吐露"。1895年梁启超再度入京，随康有为发动反对清廷签订《马关条约》的"公车上书"。由于梁启超在戊戌变法期间是康有为的得力助手，时人并称其为"康梁"。

梁启超是中国19世纪末著名的宣传鼓动家和理论家。他与严复不同的是，严复侧重于用译书的方式介绍西学，梁启超则是通过自己的体会，用流畅通达的文笔将西学介绍到中国，从而更容易为人们所接受。他对某些法律问题的探讨更为深入，而且作了较系统的论证。不仅启发了人们的近代法律意识，而且对于中国法律的近代化产生了巨大的作用。

梁启超的政治、法律思想较多地受卢梭、孟德斯鸠等人学说的影响。他曾经宣称：在"西哲"的治国方案中，卢梭的"民约论","最适于今日之中国";而孟德斯鸠的《万法精理》,则是西方各国"改制之模范,功固不在卢梭下也"。

梁启超相较康有为、谭嗣同、严复等人,更为明确地提出了法治国家的要求,视法律为文明的标志、富强的本原,尤其重视法律在治国中的作用。他说:"夫世界将来之政治,其有能更微于今日之立宪政治者与否,吾不敢知。籍日有之,而要不能舍法以为治,则吾敢断言也。故法治者,治之极轨也。"[1]在这里,梁启超把法治看作是"治之极轨也",表现了对专制制度以权凌法的憎恶和对于法治国家的强烈追求。

他认为,西方国家之所以发达富强,中国之所以落后贫弱,重要原因就在于是否重视法制建设。他说,中国自秦汉以来,"种族日繁,而法律日简,不足资约束;事理日变,而法律一成不易",以至守无可守,"相率视法律如无物"。然而西方诸国,由于法制发达,所以"举国君臣上下,权限划然,部寺省署,议事办事,章程日讲日密,使世界渐进于文明大同之域。"[2]至于法学,"秦汉以后,此学中绝",而西方国家自希腊罗马以来,"治法家之学者,继轨并作,赓续不衰",近百年来,尤为发达。因此,今日中国"非发明法律之学,不足以自存矣"[3]。梁启超通过中西现实状况的对比,意在说明国家的富强与法制建设、法学研究有着极为密切的关系。在强邻环伺,"物竞愈剧"的严峻形势下,中

---

[1] 梁启超:《饮冰室合集·管子传》。
[2] 梁启超:《饮冰室合集·论中国宜讲求法律之学》。
[3] 梁启超:《饮冰室合集·论中国宜讲求法律之学》。

国要生存、要自强，更非加强法治不可，否则与西方国家相遇相争，即使是"高城深池，坚革多粟"，也难免于失败。正是从建设法治国家的认识出发，他强调"立法之业"是"立国之大本大原"，[1] "立法事业，为今日存国最急之事"[2]。并且把"为民定法律"，说成是"神圣教主，明君贤相"的最大事业。

梁启超还从对人治主义与法治主义的比较中得出了法治优于人治的结论：

第一，人治是以某一人或某几个人为转移的，他们发挥作用的"时代甚短"，"范围甚狭"。而法治不仅发挥作用的时间长、范围广，还具有相对的稳定性，一般不受"其人存则其政举，其人亡则其政息"的影响。

第二，由于"人治"是"恃人不恃法"的，法律的实施依人而定，这样的法律既缺乏稳定性，也少有权威性。

第三，"人治"是一种"贤人政治"，"若使遭贤则治，遭愚则乱，是治乱系于贤愚"[3]。在中国悠久的历史中，明君贤相"千世而一出"，因此将国家的长治久安寄托于这种罕见的机会上面，是可遇而不可求的。然而实行法治的"立宪国，则遭贤与遭愚均者也。必遭贤与遭愚均，然后可以厝国于不敝，若此者非法治无以得之"[4]。"故法家之论，谓

〔1〕 梁启超：《饮冰室合集·论立法权》。
〔2〕 梁启超：《饮冰室合集·中国法理学发达史》。
〔3〕 梁启超：《饮冰室合集·中国法理学发达史》。
〔4〕 梁启超：《饮冰室合集·中国法理学发达史》。

人主无论智愚贤不肖，皆不可不于法之范围内，此至精之论也"[1]。不仅如此，实行法治还可以"使贤者益贤，而中人亦可以循法而不失为贤。……此立宪与专制得失之林也"[2]。

第四，中国国情的实际是国家大、政务繁，如果专靠"治人"，则二十几省，需要有百数十万的贤智之人，否则"既无人焉，又无法焉，而欲事之举，安可得也"[3]。因此，"人治"是行不通的。

需要指出，梁启超虽然倾向于"法治"，批判人治，但他并不认为有了好的法律，便可带来预期的效果。他认为法律是"治之具"，要使法律能真正发挥作用，还需要有道德、教育等和它配合，以及议院的监督施行。否则，单纯依靠法律，也无法求治，说明他深知孟子所说"徒法不足以自行"的道理。

在法治与人治的问题上，严复也反对"有治人无治法"，他认为"人治"有很大的偶然性，幸而遇到仁君，国可以致治；不幸而遇中主，便无法使国家长治久安，至于中主以下大抵皆为专制暴君。从中国的历史来看，三代以来，"君为圣明"者，只有汉武帝、汉光武帝、唐太宗等少数几个人而已。正因为如此，在中国专制主义的"人治"之下，昌世少，乱世多。所以中国要富强而久安，就应该重视以法为治，建立一套上下咸遵，"一国人必从"的完备的法律制度。

---

[1] 梁启超：《饮冰室合集·中国法理学发达史》。
[2] 梁启超：《饮冰室合集·中国法理学发达史》。
[3] 梁启超：《饮冰室合集·论立法权》。

由上可见，维新派在论证变法维新，实现君主立宪与法治国家时，虽然借助于西方学者的学说和西方国家成功的实例，与此同时也从中国历史经验中搜寻现实所需要的结论，虽然有些并不科学，甚至带有明显的托古改制的痕迹。但这种立足于本土文化资源，从现实的需要去追寻历史，在历史与现实的沟通中表述自己的法治观和政治观，不失为有益的尝试，而且带有晚清思想家特有的时代烙印。

而作为戊戌变法主角的康有为阐明了变法的必然性，指出"物久则废，器久则坏，法久则弊"[1]。"法既积久，弊必丛生，故无百年不变之法。"[2] 因此，变法维新，改订法律，就是历史的需要。他还强调："圣人之为治法也，随时而立义，时移而法亦移矣。"[3] 又说："夫治国之有法，犹治病之有方也，病变则方亦变。若病既变而仍用旧方，可以增疾，时既变而仍用旧法，可以危国。"[4] 至于采取哪一种良方来医治清朝的沉疴，他主张采用"治国有法度"的西方国家的法制，以新法治天下。

除此之外，康有为在学习西方法治之书时，把重点放在制定宪法上。他在《上清帝第五书》中便提出了"采择万国

〔1〕 中国史学会主编：《戊戌变法·上清帝第二书》，上海人民出版社、上海书店出版社 2000 年版。
〔2〕 中国史学会主编：《戊戌变法·上清帝第六书》，上海人民出版社、上海书店出版社 2000 年版。
〔3〕 康有为：《康南海文集·日本书目志序》。
〔4〕 中国史学会主编：《戊戌变法·上清帝第一书》，上海人民出版社、上海书店出版社 2000 年版。

律例，定宪法公私之分"。稍后又在《上清帝第六书》中提出"开制度局而定宪法"。他认为只有"宪章草定"，才能"奉行有准，然后变法可成，新政有效也"。如果"无宪法为之著明"，新政的实施便没有标准，就会出现"恶之者驳诘而不行，决之者仓卒而不尽，依违者狐疑而莫定，从之者条画而不详"的现象，好像一个人虽"有头目足口舌身体，而独无心思"为之主宰，"必至冥行擿埴，颠倒狂瞀而后已"。

"百日维新"前夕，康有为在《请告天祖誓群臣以变法定国是折》中，请求光绪皇帝"采万国之良规，行宪法之公议"，凡国家的重大措施均应根据宪法公议施行。可见制定宪法，在康有为的变法思想中所占的重要位置。关于这一点，梁启超在《康有为传》中作了明白的表述："先生以为欲维新中国，必以立宪法、改官制、定权制为第一义"，"若能立宪法、改官制，行真维新，则内乱必不生"。

由于康有为对资产阶级宪法本质的认识是模糊的，因此对于制定宪法只采取简单的拿来主义，如他公开声明的那样："若其宪法纲目、议院条例、选举章程，东西各国成规俱存，在一采酌行之耳。"至于执行宪法，他更是把这个涉及国家制度、反映阶级力量对比关系的重大问题，看成只不过是"皇上毅然断行"的个人主观意志的转变，认为如此便万事大吉了。

梁启超也是制定宪法的鼓吹者，他对宪法的认识比起康有为深入了一步，已经觉察到宪法在国家政治生活中的作用和在法律体系中的重要地位。"法治"就是以立宪为前提的。

他说："盖谓宪法者，一国之元气也""为国家一切法度之根源"[1]。为此他提出"欲维新中国，必以立宪法……为第一义"[2]。

康有为在提出"采择万国律例，定宪法公私之分"[3]以后，进而要求制定仿西方的法律体系，他在《上清帝第六书》中提出："今宜采罗马及英、美、德、法、日本之律，重定施行"，"其民法、民律、商法、市则、舶则、讼律、军律、国际公法，西人皆极详明，既不能闭关绝市，则通商交际，势不能不概予通行。然既无律法，吏民无所率从，必致更滋百弊。且各种新法，皆我所夙无，而事势所宜，可补我所未备。故宜有专司，采定各律以定率从"。

不仅如此，康有为还针对当时中国新闻事业的发展状况，提出《请定中国报律折》，他说："臣查西国律例中，皆有报律一门，可否由臣将其书译出……酌采外国通行之法，参以中国情形，定为中国报律……凡洋人在租界内开设报馆者，皆当遵守此律令。"

严复在西方法律思想影响下，也形成了建立新的法律体系的认识。他批判了中国固有的以刑为主的体例，赞同孟德斯鸠所说，法律是"治国之经制"，君民"上下所为，皆有所束"，而不是中国旧时所讲的"刑"。因此新的法律体系应

---

〔1〕 梁启超：《饮冰室合集·立宪法议》。

〔2〕 中国史学会主编：《戊戌变法·康有为传》，上海人民出版社、上海书店出版社 2000 年版。

〔3〕 中国史学会主编：《戊戌变法·上清帝第五书》，上海人民出版社、上海书店出版社 2000 年版。

该包括宪法、民法、刑法、国际法等。

上述康、严关于建立新的法律体系的主张，说明了随着民族资本主义经济的产生与发展，制定调整这种新经济关系的法律，已日益迫切地被提上议事日程。此种构想如能实现，就意味着一个以部门法为架构的法律体系，将取代中国旧有的法律体系。

维新派还痛感固有的行政与司法不分的体制，严重束缚了司法权的独立行使，因而赞同孟德斯鸠的分权论，认为分权论"实能得立政之本原"。他们所设计的变法蓝图就是以三权分立作为支撑点的。

梁启超对于三权中的立法权尤为重视，并且详论了立法权的归属问题，因而不仅与孟德斯鸠的分权理论有所不同，也与康有为的分权主张有异。在梁启超看来，"立法"是国家的"大本大原"。他说："十八世纪以来……立法之业，益为政治上第一关键，觇国家之盛衰强弱者，皆于此焉。虽其立法权之附属，及其范围之广狭，各国不同，而要之上自君相，下及国民，皆知此事为国之大本大原，则一也。"[1] 正因为如此，立法权的归属关系到国民的权利地位，以及法治的实现与否。

为了说明立法权应归属于"多数之国民"，梁启超根据卢梭的学说，提出立法是"国家意志"的表现的观点。他说："立法者，国家之意志也。昔以国家为君主所私有，则

---

〔1〕 梁启超：《饮冰室合集·论立法权》。

君主之意志，即为国家之意志，其立法权专属于君主固宜。今则政学大明，知国家为一国人之公产矣。且内外时势，浸逼浸剧，自今以往，彼一人私有之国家，终不可以立于优胜劣败之世界。然则今日而求国家意志之所在，舍国民奚属哉。"[1]

这段论述，明确地反映了梁启超反对君主以一人的意志为国家的意志，强调国家为一国人的"公产"，主张以"国民"的意志为国家意志。这种主张在当时无疑具有反对封建专制主义的进步意义。从法理上说，也有若干合理的因素，他已看到了法律是体现社会中某一部分人的意志，即掌握了政权的那一部分人的意志的表现。

综上所述，可见19世纪70年代以后，中国先进的思想家、爱国者，为了挽救民族的危机，实现国家的独立、富强，积极学习西方先进国家的治国模式。他们以英国、德国的君主立宪制的法治国家为目标，以孟德斯鸠、卢梭的法治学说为舆论准备，以争取光绪皇帝锐意变法为方式、方法，错误地以为只要争得皇帝的恩准，便可变法成功，实现法治国家的梦想。因而，他们是脱离民众的，是悬在空中的，是宪政幼稚病的患者。以慈禧为首的顽固派发动政变，顷刻之间光绪皇帝被囚禁，康梁亡命海外，六君子血洒菜市口街头。历史证明，向反动政权争取民主法治是与虎谋皮，是一场严峻的流血斗争，这不是改良主义所能完成的。然而，就在戊戌

---

〔1〕 梁启超：《饮冰室合集·论立法权》。

政变后两年多，清政府陷入新的危机，《辛丑条约》签订以后，气息奄奄的清朝已经不能继续统治下去了。为了续命，清政府不得不实行"新政"和预备立宪，但终究无力回天，至 1911 年为辛亥革命所推翻。

作为维新派后继人的沈家本，在法理学的基本认识上并未超出先秦法家思想的窠臼。但他作为晚清修订法律大臣，不仅对于建立新的法律体系和进行司法改革，做出了举世公认的贡献，而且对法学的发展也给予了新的推动。沈家本一方面论证了"法学之盛衰，与政之治忽，实息息相通"，并且以西方与日本作为佐证，他说："十九世纪科学大明，而研精政法者，复朋兴辈作，乃能有今日之强盛。"〔1〕与此相反，中国"自来势要寡识之人，大抵不知法学为何事，欲其守法，或反破坏之，此法之所以难行，而学之所以衰也"〔2〕。他希望"天下之士，群知讨论，将人人有法学之思想"，"俾法学由衰而盛"，"而世局亦随法学为转移"〔3〕。另一方面，他区分了先秦主张法治的"申韩之学"与西方法治学说的差异，以驳斥当时反对实行法治，认为"以法治者，其流弊必入于申、韩，学者不可不慎"的论调，指出："抑知申、韩之学，以刻核为宗旨，恃威相劫，实专制之尤。泰西之学，以保护治安为宗旨，人人有自由之便利，仍人人不得稍越法律之范围。二者相衡，判然各别。则以申、韩议泰

〔1〕（清）沈家本：《寄簃文存·政法类典序》。
〔2〕（清）沈家本：《寄簃文存·法学盛衰说》。
〔3〕（清）沈家本：《寄簃文存·法学盛衰说》。

西，亦未究厥宗旨耳。"[1]

沈家本在主持修订法律的过程中，积极组织翻译西方法律与法学著作，建立法律学堂，大量培养法律专门人才，聘请西方法律专家进行讲学和参加法律的编订工作，同时也派专人出国考察，等等。这些措施有力地推动了法学的发展和新法的制定。如同沈家本在《〈法学会杂志〉序》一文中所说："吾国近十年来，亦渐知采用东西法律。余从事斯役，延访名流，分司编辑，聘东方博士相与讨论讲求，复创设法律学堂以造就人材，中国法学于焉萌芽。"[2]

清朝在最后十年的预备立宪期间，进行了仿西方的立法活动，法制近代化取得了一些成绩，但为抵御革命，自存自救而推行的宪政，并没有给予建立真正的法治以支持，爱国者期望的法治最后也只能停留在纸面上。

回顾近一百多年来争取法治的历程，我们深深感到历史是无情而又有情的，它不遗忘每一个对历史的贡献者，也不宽容每一个对历史的阻碍者。中国近一百多年来争取法治国家的历史，雄辩地证明了只有在中国共产党的领导下才能实现中华民族的伟大复兴，才能使中国人追求法治国家的梦想变成现实。

依法治国，是以马克思主义为指导原则，以中国共产党为领导力量，以建设中国特色的社会主义法治国家为目标，

---

[1] （清）沈家本：《寄簃文存·法学名著序》。
[2] 《法学会杂志》1913 年第 1 卷第 1 号。

以中华民族的伟大复兴为价值取向。然而，近一百多年来，改良维新思想家所追求的法治国家却是以西方资产阶级的法治学说为指导原则，以建设资产阶级为主体的法治国家为目标，以发展资本主义作为价值取向。历史证明，变法维新的思想家所追求的法治国家不符合中国的国情，不代表广大人民的意愿，同时，还受到帝国主义列强的遏制，因而，也就是一个无法实现的空想。我们并不忘记爱国的先驱者所付出的艰辛和牺牲，但也必须指出，他们所追求的法治国家的方案是可望而不可及的。因此，必须划清中国共产党领导的社会主义的依法治国的国家与维新思想家所追求的资本主义的国家方案的界限，为实现新时代中国特色社会主义思想重要组成部分的依法治国而奋斗。

三、依法治国是历史发展的必然

1911 年 10 月 10 日，在孙中山民主共和思想的指导下爆发了武昌起义，以此为开端的辛亥革命推翻了清朝，创建了民国，制定和颁布了"创亘古未有之制"的《中华民国临时约法》。南京临时政府存在的时间虽然短暂，但却规划了以法治国的方案，制定了革旧图新的法律，创立了文明审判的方式，它所确立的法统是深入人心的。北洋军阀集团之间为了夺取中央政府的合法统治权而展开的"法统"之争，和孙中山所进行的两次护法战争，都表现了由南京临时政府所创立的民主的法统的影响力。然而无论是北洋军阀把持下的北京政府，还是国民党领导下的南京政府，都是以武力为后盾的，并且借武力操纵一切，这样的政权不可能给政府权力提供真正民主性的基础，也不可能动员民众强化非军事化的政府管理职能。它们所标榜的法统和宪法，实质上是对近代宪政精神所蕴含的保障人权思想的摧残。

民国时期的法学家对于构建仿大陆法系的中国近代法律体系，也倾注了智慧和心血，但在北洋军阀和国民党的专制统治下，纵然有完备的法律体系，当时的中国也不可能实现法治。法学家们的法治理想依然是镜花水月，可望而不可及，以至把希望转向人民民主政权。例如，陈瑾昆（1887~1959）在国民党当局1946年4月制造北平中山公园音乐堂"四·二一"血案之后，愤然离开北平，奔赴延安，投身解放区新民主主义法制建设。钱端升（1900~1990）、杨兆龙（1904~1979）等，也在国民党败退台湾时，毅然留在大陆，为中华人民共和国的法学教育以及立法、司法工作服务，渴望在中华人民共和国实现他们梦寐以求的法治国家的理想。

历史再一次雄辩地证明，只有政治体制民主化才是建设法治中国的前提。无论是中国漫长的专制主义社会，还是民国政府时期，除了君主和少数特权者享有较大的自由度以外，广大民众处于被支配的地位。法是治民之法，权是治民之权，权力的运行往往处于恣意的、不受约束的状态。只有在民主政治体制下，国家的各项权力（包括立法、行政、司法、监察）因其以人民主权的理念为前提，才能获得合法性的支持。民主政治体制不仅赋予广大民众以法治的理性和自觉追求，而且使他们对国家和社会事务管理的参与得以制度化、法律化和程序化。除此之外，法治的核心是控权，也就是通过权力之间的合理分配与制约，以及广大公民的有效监督，防止滥用国家权力或侵犯公民个人自由。在这方面，民主政治体制通过法律实行对国家权力的控制具有可操作性，进而使法治成为现实，公民的各项权利得到切实的保障。

1949 年 10 月 1 日，建立了中国共产党领导下的以工人阶级为领导、工农联盟为基础的人民民主专政的政权，1954年制定颁布了《中华人民共和国宪法》。以 1954 年宪法为核心，初步构建了中华人民共和国的法律体系，为当时的中国营造了良好的法治氛围。与此相适应，法学也步入了一个全新的发展阶段。中华人民共和国的法学是以马克思主义的国家观、法律观为理论指导的，是在批判资产阶级法律观的基础上形成的，是为当时的立法建制和政治任务服务的。这一时期的法学界同其他学术界一样，思想活跃，学术自由空气较为浓厚，不数年间出版了 350 余种法学著作、译作和资料汇编，并在全国 40 余所高等院校中建立了法律院系。但是，这一时期在"一面倒"学习苏联的影响下，存在着脱离中国实际的教条主义倾向，在出版的 165 种译作中基本上是苏联的法学著作和教科书。而且在批判资产阶级法律观的过程中，完全否定和割断了近百来先进的中国人所推动的、中国法制现代化的历史联系和成果。而有些苏联专家片面强调法律的镇压功能，对中华人民共和国的法学与法制建设都产生了消极的影响。

1957 年以后，从当时中国社会的主要矛盾是"无产阶级和资产阶级的矛盾，社会主义道路和资本主义道路的矛盾"的错误认识出发，导致了否定和批判此前关于完善社会主义法制的一系列正确决定。法学教育和研究在批判资产阶级观点、旧法观点和修正主义观点的环境中，已经不可能正常进行。而无产阶级专政不受法律限制、破除资产阶级法权残余等错误理论，又助长了法律虚无主义的倾向，损害了宪法与法律的权威，扰乱了人们的思想，使得刚刚培植起来的法律意识竟然成了被批判的对象。

从 1957 年以后发展起来的法律虚无主义倾向，到"文化大革命"时期可以说达到了极致。这十年使人们充分体验到了在没有法律秩序的条件下生活是何等的艰难，他们在心底呼唤着、期盼着社会主义法治能够复苏、重建、发展，以挽救和振兴国家。经过了"文化大革命"前所未有的变局，人们痛定思痛，迫切感到建设真正的社会主义民主与法治国家的重要性。1978 年底中国共产党第十一届三中全会做出的"加强社会主义民主，健全社会主义法制"的决定，反映了全国人民的心声，使法制建设产生了根本的转机。在前所未有的宽松环境中，法律教育迅速发展，法学研究真正迎来了自由讨论的春天。随着市场经济的发展，全方位、多层次的法律体系逐渐形成。伴随着中华民族的伟大复兴，法治也正在经历着它自己的伟大复兴。

1996 年 2 月 8 日，江泽民同志在中央领导同志法制讲座课的讲话中明确提出了"依法治国"的思想，他说：加强社会主义法制，依法治国，是邓小平同志建设有中国特色社会主义理论的重要组成部分，是我们党和政府管理国家和社会事务的重要方针。坚持依法治国，就是广大人民群众在我党的领导下依照宪法和法律的规定，通过各种途径和形式参与管理国家，管理经济文化事业，管理社会事务；就是逐步实现社会主义民主制度化、法律化。1997年9月，江泽民同志在党的十五大所作的报告中进一步提出："依法治国，是党领导人民治理国家的基本方略，是发展社会主义市场经济的客观需要。"1999年3月15日，第九届全国人民代表大会第二次会议通过的宪法修正案中，在第五条增加一款："中华人民共和国实行依法治国，建设社会主义法治国家"，从而将这一治理国家的基本方略以宪法的形式确定下来。2002年12月4日，胡锦涛同志在首都各界纪念宪法公布施行20周年大会上的讲话中强调："在全社会进一步树立宪法意识和宪法权威，切实保证宪法的贯彻实施。"这标志着我国将坚定不移地沿着依法治国，建设社会主义法治国家的道路阔步前进。

特别是习近平总书记对于依法治国的性质、内涵、价值取向、重要作用等，都作出了全面的、深刻的论断，极大地提高了全党全民的认识水平。下面，简单谈几点我个人在学习中的体会：

第一，习近平总书记深刻地总结了中华人民共和国成立以后在法治问题上的经验与教训，强调了法治的重要性。他说："全面推进依法治国，是深刻总结我国社会主义法治建设成功经验和深刻教训作出的重大抉择。我们党对依法治国问题的认识经历了一个不断深化的过程。新中国成立初期，我们党在废除旧法统的同时，积极运用新民主主义革命时期根据地法制建设的成功经验，抓紧建设社会主义法治，初步奠定了社会主义法治的基础。后来，党在指导思想上发生'左'的错误，逐渐对法制不那么重视了，特别是'文化大革命'十年内乱使法制遭到严重破坏，付出了沉重代价，教训十分惨痛！"[1] "历史是最好的老师。经验和教训使我们党深刻认识到，法治是治国理政不可或缺的重要手段。法治兴则国家兴，法治衰则国家乱。什么时候重视法治、法治昌明，什么时候就国泰民安；什么时候忽视法治、法治松弛，什么时候就国乱民怨。法律是什么？最形象的说法就是准绳。用法律的准绳去衡量、规范、引导社会生活，这就是法治。"[2]

第二，习近平总书记论证了改革与依法治国的关系："我们面对的改革发展稳定任务之重前所未有，矛盾风险挑战之多前所未有，依法治国地位更加突出、作用更加重大。"[3] "改革和法治如鸟之两翼、车之两轮，将有力推动全面建成小康社会事业向前发展。"[4]

第三，习近平总书记明确指出"依法治国是坚持和发展

---

〔1〕《在中共十八届四中全会第二次全体会议上的讲话》（2014年10月23日）。

〔2〕《在中共十八届四中全会第二次全体会议上的讲话》（2014年10月23日）。

〔3〕《在中共中央召开的党外人士座谈会上的讲话》（2014年10月25日）。

〔4〕《在省部级主要领导干部学习贯彻党的十八届四中全会精神全面推进依法治国专题研讨班上的讲话》（2015年2月2日）。

中国特色社会主义的本质要求和重要保障"[1]，同时，进一步提出"建设法治中国，必须坚持依法治国、依法执政、依法行政共同推进，坚持法治国家、法治政府、法治社会一体建设。全面贯彻落实这些部署和要求，关系加快建设社会主义法治国家，关系落实全面深化改革顶层设计，关系中国特色社会主义事业长远发展"[2]。

第四，习近平总书记论证了依法治国与中华民族伟大复兴和国家的长治久安的关系。他说："全面推进依法治国，是着眼于实现中华民族伟大复兴中国梦、实现党和国家长治久安的长远考虑。对全面推进依法治国作出部署，既是立足于解决我国改革发展稳定中的矛盾和问题的现实考量，也是着眼于长远的战略谋划。"[3]"全面推进依法治国，是解决党和国家事业发展面临的一系列重大问题，解决和增强社会活力、促进社会公平正义、维护社会和谐稳定、确保党和国家长治久安的根本要求。要推动我国经济社会持续健康发展，不断开拓中国特色社会主义事业更加广阔的发展前景，就必须全面推进社会主义法治国家建设，从法治上为解决这些问题提供制度化方案。"[4]

---

[1]《在中共十八届四中全会第一次全体会议上关于中央政治局工作的报告》（2014年10月20日）。

[2]《关于〈中共中央关于全面推进依法治国若干重大问题的决定〉的说明》（2014年10月20日）。

[3]《在中共十八届四中全会第二次全体会议上的讲话》（2014年10月23日）。

[4]《关于〈中共中央关于全面推进依法治国若干重大问题的决定〉的说明》（2014年10月20日）。

第五，习近平总书记在坚持和拓展中国特色社会主义法治道路这个根本问题上，强调从国情出发，走自主创新的路。他说："走什么样的法治道路、建设什么样的法治体系，是由一个国家的基本国情决定的。'为国也，观俗立法则治，察国事本则宜。不观时俗，不察国本，则其法立而民乱，事剧而功寡。'全面推进依法治国，必须从我国实际出发，同推进国家治理体系和治理能力现代化相适应，既不能罔顾国情、超越阶段，也不能因循守旧、墨守成规。"[1] 他要求我们要树立自信、保持定力，走中国特色社会主义法治道路。

我个人从近年的实践中体会到，在建设法治中国的历程中，不断地遭遇价值取向和制度模式选择的问题，如何回应全球化带来的挑战与机遇，是一个关系到中华民族伟大复兴的重大问题。纵观西方国家建设法治国家的模式和道路，也不尽统一，既有英国式的，也有德国式的，这是由每一个民族国家的国情特点所决定的。因此，中国在建设现代法治国家过程中，既要注重吸收代表人类法治发展趋势的法治文明成果，又要根据本国的历史传统和现实国情，走中华民族自主创新的路，彻底清除近代以来西方中心论的消极影响。

第六，习近平总书记还从中国古代成功的德法共治的经验中总结出，要"坚持依法治国与以德治国相结合"，要使"德润人心，法安天下"，这是对中国传统的德法共治的法文

---

[1] 习近平："加快建设社会主义法治国家"，载《求是》2015 年第 1 期。

化的传承和重大发展。最近，习近平总书记在中国共产党第十九次代表大会报告的"深化依法治国实践"中，更加全面地论证了依法治国的方方面面，他说："全面依法治国是国家治理的一场深刻革命，必须坚持厉行法治，推进科学立法、严格执法、公正司法、全民守法。""推进科学立法、民主立法、依法立法，以良法促进发展、保障善治。建设法治政府，推进依法行政，严格规范公正文明执法。深化司法体制综合配套改革，全面落实司法责任制，努力让人民群众在每一个司法案件中感受到公平正义。加大全民普法力度，建设社会主义法治文化，树立宪法法律至上、法律面前人人平等的法治理念。各级党组织和全体党员要带头尊法学法守法用法，任何组织和个人都不得有超越宪法法律的特权，绝不允许以言代法、以权压法、逐利违法、徇私枉法。"[1]

总括上述，依法治国是马克思主义与中国特色社会主义实践相结合的成果，是在综合古今、兼取中西的基础上的伟大创造，是彰显了中国特色的社会主义法治国家的典型范例。依法治国不仅是古代中国以法治国的质的飞跃，也是彻底摆脱"左"的法律虚无主义干扰的治国方略。依法治国将从根本上改变管理国家事务的方式方法，根除唯上主义的家长制的遗风旧俗，因而是一场深刻的革命。依法治国经过了重重艰难险阻终于在中国共产党的领导下走上了康庄大道，事实最有力地证明了，依法治国是历史发展的必然。

---

[1] 《在中国共产党第十九次全国代表大会上的报告》（2017 年 10 月 18 日）。

中国古代的治国之要

——监察机构体系与监察法

第十三届全国人民代表大会通过了由《中华人民共和国宪法》确认的"中华人民共和国国家监察委员会是最高监察机关","中华人民共和国设立国家监察委员会和地方各级监察委员会","监察委员会依照法律规定独立行使监察权，不受行政机关、社会团体和个人的干涉"，同时也通过了《中华人民共和国监察法》。这是中华人民共和国成立以来国家体制的重大改革，同时也是中国特色社会主义法律体系的重大发展。此时此刻，笔者撰写了本文，以表达观今宜鉴古、无古不成今的法文化上的枝蔓相连。

公元前 221 年，秦并六国，建立统一的中央集权的专制主义的政治制度以后，它便沿着螺旋上升的轨迹，经历了两千余年的漫长岁月而不断地强化，直到 1911 年辛亥革命推翻了清朝政权才宣告终结。专制制度之所以长期存在，并不断强化，有赖于两个强大的支柱：一是统一的官僚机构，一是统一的军队。没有这两个支柱，专制主义的政治制度难以建立，更不能长久维持。

官僚机构不仅是专制主义政治制度的支柱，也是国家机器的组成部分和推动国家机器正常运转的物质力量。官僚机构活动的有序和效能，有赖于它的构成因子——官的素质，历代通过官执掌兵刑钱谷事务，完成治国理政、执法御民的重要任务。因此治官是维持和改进国家统治效能的重要环节。为治官而察官的重要性便由此而产生。监察机构就是专门用于察官的国家组织，它产生于中华民族的文化土壤之上，充分体现了国情需要，从而决定了监察机构设置以后经历了两千余年的发展过程不断地制度化、法律化而从未中断；它对于中国古代国家的稳定和发展起了积极的作用，它所积累的经验更带有丰富的现实性。对此，以下稍作梳理。

一、监察机构与监察法的初型——战国、秦汉

春秋战国时期，铁质生产工具的应用极大地提高了生产力，进而促进了生产关系的变化，至鲁宣公十五年（公元前594年），实行"初税亩"以后，到商鞅变法"废井田、开阡陌、民得买卖"，土地的私有制逐渐取代了土地国有制，生产关系的变革又推动了整个政治上层建筑的重大改革。其一，周天子共主的地位发生了动摇，各诸侯国君相继建立了独立的专制政体，礼乐征伐不再自天子出，而自诸侯出，甚至自大夫出。周初的礼乐之治让位于讲求富国强兵之学的以法为治。其二，官僚制度取代了贵族的世卿制度，国王可以

自由地任免官吏，并以俸禄取代原有卿大夫的采邑制度，还通过上计之法考核官吏的功过，以定升赏罢黜。其三，在国家机构中，设置了专门从事察官的机构——御史，用以纠弹官邪、督励官吏尽职尽责，成为战国时期官制变动的新趋向。《史记·滑稽列传》记载，齐威王置酒于后宫，召淳于髡并赐之酒，"问曰：'先生能饮几何而醉?'对曰：'臣饮一斗亦醉，一石亦醉。'威王曰：'先生饮一斗而醉，恶能饮一石哉！其说可得闻乎?'髡曰：'赐酒大王之前，执法在傍，御史在后，髡恐惧俯伏而饮，不过一斗径醉矣。'"可见御史的纠察职责对于百官的震慑作用。随着战国时期地方郡县制的划分，在郡设监御史作为地方监察官。《睡虎地秦墓竹简·语书》所载："举劾不从令者，致以律"，"独多犯令，而令丞弗得者，以令丞闻"，便是郡御史的工作对象与职权范围。

春秋战国时期，也是各国相继颁布成文法的立法活跃时期，在所颁布的成文法中，也含有监察法的内容。如，齐威王任用邹忌为相制定了《七法》以督奸吏。具有列国立法之大成的魏国李悝所制的《法经》中还专门规定了官吏假借不廉以及丞相贪污——受金的制裁，"丞相受金，左右伏诛。犀首以下受金则诛。金自镒以下罚，不诛也"[1]。1975年《睡虎地秦墓竹简》的出土为秦监察法的发展状况提供了物证。根据《睡虎地秦墓竹简》，秦国已有行政监察、司法监

---

〔1〕 此为明末董说在《七国考·魏刑法》中引汉代桓谭《新论》中关于《法经》的记载，见（明）董说：《七国考·魏刑法》。

察、经济监察的初步划分。在行政监察方面，《秦律》规定："啬夫不以官为事，以奸为事，论可（何）殹（也）？当瞏（迁）。瞏（迁）者妻当包不当？不当包。"〔1〕"为（伪）听命书，法（废）弗行，耐为侯（候）；不辟（避）席立，赀二甲，法（废）。""当除弟子籍不得，置任不审，皆耐为侯（候）。使其弟子赢律，及治（笞）之，赀一甲，决革，赀二甲。"〔2〕

在司法监察方面，《睡虎地秦墓竹简·尉杂》规定："岁雠辟律于御史"，史书中也有"（始皇）三十四年（公元前213年），谪治狱吏不直者，筑长城及南越地"〔3〕的记载，反映了秦司法监察的施行状况。此外，《睡虎地秦墓竹简·效律》提到的"计用律不审而赢、不备，以效赢、不备之律赀之，而勿令赏（偿）"，当属秦国的经济监察之法。

可见，《睡虎地秦墓竹简》所记载的察吏之法已成为秦律的重要部分，显示了秦以法治国、以法治吏的政策倾向。这说明在成文法涌动的历史潮流中，监察法也取得了一定的发展。

秦统一天下以后，中央监察机构为御史府，以御史大夫为长官，御史大夫下设御史中丞、侍御史、郡御史，据《汉书·百官公卿表》所载："御史大夫，秦官。位上卿，银印青绶，掌副丞相。"

---

〔1〕《睡虎地秦墓竹简·法律答问》。
〔2〕《睡虎地秦墓竹简·秦律杂抄》。
〔3〕《史记·秦始皇本纪》。

秦虽统一天下，六国的残余势力仍是不安定的因素，因此，监察制度建设的重点在郡。郡设郡御史监察地方。

汉朝建立以后，汉承秦制，仍以御史府为中央最高监察机构。《历代职官表》说："秦汉御史大夫称其掌副丞相，故汉时名为两府。（颜师古注曰：丞相、御史府也。）凡丞相有阙，则御史府以次序迁，乃三公之任。"[1] 因此实际执掌监察权的是御史中丞，虽秩千石，但"外督部刺史，内领侍御史十五人，受公卿奏事，举劾案章"[2]。另据《汉仪注》所载：御史中丞和所属诸御史在执行公务时，"皆冠法冠"。职在整肃朝纲，故御史中丞又称为"御史中执法"。需要指出，汉朝监察权出现多元化的现象，丞相司直，秩千石，辅佐丞相，检举不法，是丞相系统的行政监察机构；武帝时，还建立了由皇帝直接掌握的监察京师与三辅（京兆、右扶风、左冯翊）、三河（河南、河内、河东）以及弘农等近都七郡官吏的特殊监察机构司隶校尉。司隶校尉有权"察皇太子以下，行马内事皆主之"[3]，"纠皇太子、三公以下，及旁州郡国无不统"[4]。每逢朝会，独据一席，与尚书令、御史中丞一起被称为"三独坐"，受到皇帝的特殊重视。司隶校尉还握有直接逮捕罪犯的权力，并有众多属官。但司隶校尉监察权力的行使也常常受到丞相的抵制，武帝以后其权力不断

---

〔1〕（清）永瑢等：《历代职官表·都察院上》。
〔2〕《通典·职官六》。
〔3〕《通典·职官十四》。
〔4〕《太平御览·职官四十八》。

受到侵削。元帝初元四年（公元前 45 年）罢持节，西汉末改隶大司空，东汉时期仅为七郡的督察官。

汉朝建立多元的监察体制，一者是监察机构相互制衡，以便于皇帝掌握；再者使所有执掌检察权的机构既分体运行，又互相交叉，以加强监察效能，保持权力的平衡。以致三公九卿、皇室外戚、京师百官、地方长吏乃至监察官本身，都被置于监察网络之中，受到来自一种或多种监察组织的监督，对于贯通政令、整饬吏治、廓清风气，产生了积极的作用。

汉初，一度废除郡御史，文帝时，为了加强中央集权，恢复了郡御史的设置。七国之乱以后，监察地方成为皇帝关注的焦点。武帝时，为了严格推行打击王侯国的强干弱枝的政策，划分全国为十三部州作为监察区，各派刺史一人为固定的监察官。刺史"周行郡国，省察治状"，称之为"行部"。行部于每年八月秋收开始，岁末之京师向皇帝奏报。据《后汉书·百官志五》所载："诸州常以八月巡行所部郡国，录囚徒，考殿最。初岁尽诣京都奏事。"刺史的奏报是朝廷"黜陟臧否"的重要依据。元帝时，"荆州刺史奏（召）信臣为百姓兴利，郡以殷富，赐黄金四十斤"[1]。可见，十三部监察御史的设置是汉代监察制度的重要发展。而《刺史六条》是颁行天下的地方性监察法，部刺史据此行使监察权。据《汉官典职仪》所载："刺史班宣，周行郡国、省察治状、黜陟能否、断治冤狱，以六条问事，非条所问，即不

---

[1]《汉书·循吏传》。

省。一条，强宗豪右，田宅逾制，以强凌弱，以众暴寡；二条，二千石不奉诏书、遵承典制，倍（背）公向私，旁诏守利，侵渔百姓，聚敛为奸；三条，二千石不恤疑狱，风厉杀人，怒则任刑，喜则淫赏，烦扰刻暴，剥截黎元，为百姓所疾，山崩石裂，袄祥讹言；四条，二千石选署不平，苟阿所爱，蔽贤宠顽；五条，二千石子弟恃怙荣势，请托所监；六条，二千石违公下比，阿附豪强，通行货赂，割损正令也。"〔1〕

"刺察六条"以两千石高官和地方强宗豪右为主要监察对象，严防郡守与地方豪强势力相互勾结，形成不利于中央集权的地方割据。这是特定的时代背景所加给它的烙印。明末顾炎武考证说："汉时，部刺史之职，不过以六条察郡国而已，不当与守令事。……故朱博为冀州刺史，敕告吏民，欲言县丞尉者，刺史不察，黄绶各自诣郡。鲍宣为豫州牧，以听讼所察过诏条被劾。而薛宣上疏，言吏多苛政，政教烦碎，大率咎在部刺史。或不循守条职，举错各以其意，多与郡县事。"〔2〕

西汉政权是依靠地主豪强为社会基础的，但是以皇帝为首的统治集团同地方豪强势力之间，在权力与利益的争夺上，也存在着一定的矛盾，特别是当地方豪强势力发展到郡县不能制，公然抗衡朝廷政令时，为了维护国家的整体利益便不得不进行必要的压制，以保证中央对地方的控制权。因此，统治阶级内部中央集权和地方分权的矛盾始终是存在着的，有时还可能发展成尖锐的冲突。虽然它不是社会的基本矛盾，

〔1〕《汉书·百官公卿表》注引《汉官典职仪》。
〔2〕（明）顾炎武：《日知录·六条之外不察》。

但如何加以调整，关系到国家的前途，因而是封建统治者历来关注的问题之一。

除六条外，还有一条不成文的规定，即刺史考察王国诸王，如发现罪状，须及时上奏皇帝，以实现其作为皇帝设在地方上的耳目的职能，因此其实际职权不断发展，至西汉末，已经是"任重职大"，拥有"选第大吏，所荐位高至九卿，所恶立退"〔1〕的大权。但西汉时各部辖区（通称为州）还只是监察区，不是一级行政级别，部刺史也只是中央派出的监察官，而非郡守以上的地方官。郡守失职，刺史可以向朝廷上报，但无权直接处理。刺史如超越六条滥用职权，要受到丞相的弹劾。但至东汉末年，刺史实际上已经超越六条的规定，直接干预地方的行政事务。皇帝不仅承认既成的事实，有时还授权刺史代行郡守事，使其侵权行为由非法变为合法。这个转变的动因是日益尖锐的农民反抗迫使皇帝赋予地方官以更大的应变能力。

二、监察机构的艰难调整与监察法的发展
——魏晋南北朝

东汉末期，连年征战，以及权贵篡权，使得国家的监察机构已无法正常运转。至魏晋、南朝时期，士族高门垄断了朝廷大权，出现了历史上少有的门阀政治，以致世家大族不

---

〔1〕《汉书·朱博传》。

屑于担任监察官，"甲族由来多不居宪台"[1]。虽然监察机构对于士族高门无法行使正常的监察活动，但魏晋、南朝皇帝为了防范士族高官侵凌帝权，同时也出于稳定国家考虑，转而倚重监察官，出现了一些名标史册的监察官，如东晋卞壶为御史中丞，"忠于事上，权贵屏迹"[2]。熊远为御史中丞时，尚书刁协把持朝政，熊远不畏权贵，上奏免刁协之官。[3] 晋文帝即位，大司马桓温"屯中堂，夜吹警角"，御史中丞敬王司马恬"奏劾温大不敬，请理罪"。桓温见到奏章后十分感慨："此儿乃敢弹我，真可畏也。"[4] 南梁御史中丞江淹弹劾"前益州刺史刘俊、梁州刺史阴智伯，并赃贷巨万"，使朝野"内外肃然"。武帝称之为"声明中丞""近世独步"。[5] 此外，御史中丞张缵"弹纠无所回避，豪右惮之"[6]；御史中丞孔休源"正色直绳，无所回避，百僚莫不惮之"[7]；御史中丞江革"弹奏豪权，一无所避"[8]。然而，监察官也经常受到圣谕的左右。例如，外戚羊琇犯法，"司隶校刘毅劾之，应至重刑。武帝以旧恩，直免官而已"[9]。在士族高官与监察官的矛盾博弈中，御史中丞更动

[1]《南齐书·王僧虔传》。
[2]《晋书·卞壶传》。
[3]《晋书·熊远传》。
[4]《晋书·宗室传》。
[5]《梁书·江淹传》。
[6]《梁书·张缅附张缵传》。
[7]《梁书·孔休源传》。
[8]《梁书·江革传》。
[9]《晋书·周处传》。

频繁，难以久任。以南朝宋为例，"宋世载祀六十，历职斯任者五十有三，校其年月，不过盈岁"。[1] 监察机构在艰难的环境中进行不断地调整。

曹魏时，曹操执政，鉴于"大业草创，众官未备，而军旅勤苦，民心不安"[2] 的严峻形势，在军队中设置校事监督军事犯罪。后校事发展成正式的监察官，执掌侦察、纠举不法。校事秩比二千石，只对曹操负责。因其"擅作威福"，遭到权贵忌恨，但曹操仍坚持设置校事，只是杀掉"擅作威福"的校事赵达而已。魏文帝时，最终废除了校事。常设的中央监察机构仍为御史府，以御史大夫为长官，由于御史大夫身为"三公"之列，因此实际执掌监察权的是御史中丞。御史中丞虽秩六百石，但权重职要，每出行百官避道，莫不肃然。京畿地区仍设司隶校尉，掌举劾纠察，兼管京城附近犯罪案件的审理。地方仍设十三部州刺史，"巡行所部郡国，录囚徒，考殿最，每岁遣记吏诣京都奏事"[3]。至于孙吴、蜀汉，监察机构多依汉制。

两晋中央最高监察机构为御史台，又称"宪台"，长官为御史中丞，职掌"督司百僚，皇太子以下，其在行马[4]内有违法宪者，弹纠之。虽在行马外，而监司不纠，亦得奏之"。而且"外督部刺史，内领侍御史，受公卿奏事，举劾按章"[5]。

---

〔1〕《南齐书·刘休传》。
〔2〕《三国志·魏书·程郭董刘蒋刘传》。
〔3〕（清）杨晨：《三国会要·职官下》。
〔4〕行马，指官署前阻拦人马通行的木栅栏。
〔5〕张鹏一：《晋令辑存》卷四。

晋武帝时，要求郡国守相巡行地方，就便进行监察。他于泰始四年（268年）下诏："郡国守相三载一巡行属县，必以春，此古者所以述职宣风展义也。见长吏，观风俗，协礼律，考度量，存问耆老，亲见百年。录囚徒，理冤枉，详察政刑得失，知百姓所患苦。无有远近，便若朕亲临之。敦喻五教，劝务农功，勉励学者，思勤正典，无为百家庸末，致远必泥。士庶有好学笃道，孝悌忠信，清白异行者，举而进之。有不孝敬于父母，不长悌于族党，悖礼弃常，不率法令者，纠而罪之。田畴辟，生业修，礼教设，禁令行，则长吏之能也。人穷匮，农事荒，奸盗起，刑狱烦，下陵上替，礼义不兴，斯长吏之否也。若长吏在官公廉，虑不及私，正色直节，不饰名誉者；及身行贪秽，诌黩求容，公节不立，而私门日富者，并谨察之。扬清激浊，举善弹违，此朕所以垂拱总纲，责成于良二千石也，于戏戒哉！"七月又"遣使者侯光循行天下"[1]。这种遣使巡行、就便监察的方式，对唐代很有影响。

南朝中央监察机构为御史台，大体沿袭晋制。值得提出的是，遣使巡查与典签制相结合，是南朝地方监察的特点之一。南朝遣使出巡，监察地方，逐渐成为定制。宋武帝永初元年（420年）六月颁诏："遣大使分行四方，举善旌贤，问其疾苦。其有狱讼亏滥，政刑乖愆，伤化扰治，未允民听者，皆当具以事闻。"[2] 文帝元嘉三年（426年）五月颁诏："可遣大使巡行四方。其宰守称职之良，闾荜一介之善，详

---

〔1〕《晋书·武帝纪》。
〔2〕《南朝宋会要·民政》。

悉列奏，勿或有遗。若刑狱不恤，政治乖谬，伤民害教者，具以事闻。"[1] 南梁武帝也在诏书中提出："可分遣内侍，周省四方，观政听谣，访贤举滞；其有田野不辟，狱讼无章，忘公徇私，侵渔是务者，悉随事以闻。"[2]

典签原本为处理文书的小吏，南朝宋齐时，皇帝经常派典签监视出任方镇的宗室诸王和各州刺史。宋孝武帝大明元年（457年），典签制度形成。至南齐，典签之权极重，号为"签帅"，以致"诸州惟闻有签帅，不闻有刺史"[3]。可见，典签制是皇帝用以监视和控制地方政权的一种形式，至南梁时逐渐衰弱。

北朝是以鲜卑族为主体建立的王朝。北朝初，中央监察机构仿魏晋旧制设御史台，又称"兰台"，以御史中丞为长官，但中间出现多次反复。至孝文帝时期，为了适应统治广大中原地区汉族的需要，大力推行汉化政策，同时也为了革除鲜卑贵族的专权恣肆的弊端和监视汉官，重新确立御史台为最高监察机构，以御史中尉为台长，正三品上，可以"督司百僚"，"其出入千步清道，与皇太子分路，王公百辟咸使逊避，其余百僚下马驰车止路旁，其违缓者以棒棒之"[4]。御史中尉下设治书侍御史，正六品上；侍御史，正八品下；殿中侍御史，从八品上；检校御史，正九品上。可见，孝文改制建立

---

[1]《南朝宋会要·民政》。

[2]《南朝梁会要·民政》。

[3]《南史·齐武帝诸子传》。

[4]《通典·职官六》。

了较为完备的中央监察体制。

魏晋南北朝虽然是中国历史上持续数百年的割据对峙时期，但为了维持国家的必要统治，魏晋两代也重视立法活动，《魏律》十八篇和晋《泰始律》均在法制史上占有一定地位，曹魏时，贾逵还制定了监察法规。贾逵任豫州刺史，鉴于"长吏慢法，盗贼公行，州知而不纠"，提出仿汉《六条问事》，"考竟其二千石以下阿纵不如法者，皆举奏免之。"贾逵的建议得到文帝的允准，"布告天下，当以豫州为法"〔1〕。根据《九朝律考》转引《文选》"齐故安陆昭王碑文"，贾逵在汉六条的基础上，提出了新的《察吏六条》，即"察民疾苦冤失职者；察墨绶长吏以上居官政状；察盗贼为民之害及大奸猾者；察犯田律四时禁者；察民有孝悌廉洁行修正茂才异等者；察吏不簿人钱谷放散者。所察不得过此"。曹魏《察吏六条》基于历史条件的变化，使得原汉六条的精神——强干弱枝，已不复见，其基点是对地方长吏进行行政治安监察、财经监察与人事监察。《察吏六条》不仅范围有所缩小，标准也较低，尤其是魏文帝的统治权威，远逊于汉武帝，而地方刺史、州牧日益严重的揽权恣肆更非一纸空文所能约束。

西晋统一后，也着手制定监察法。泰始四年（268 年）六月，诏颁《察长吏能否十条》和《察长吏八条》，前者是"田畴辟，生业修，礼教设，禁令行，则长吏之能也。人穷匮，农事荒，奸盗起，刑狱烦，下陵上替，礼义不兴，斯长吏之否

---

〔1〕（清）杨晨：《三国会要·职官下》。

也"。后者是"若长吏在官公廉，虑不及私，正色直节，不饰名誉者，及身行贪秽，诏黩求容，公节不立，而私门日富者，并谨察之"。同年十二月又诏颁《五条律》察郡："一曰正身，二曰勤百姓，三曰抚孤寡，四曰敦本息末，五曰去人事。"[1]

上述监察立法虽以地方长吏为重点，但事实上魏晋以来士家大族把持政权，是中国历史上突出的门阀政治时代。士族们凭借政治特权骄奢淫逸，巧取豪夺，鱼肉乡里，无所不为，因此西晋监察法难以认真推行。至于东晋和南朝由于士族揽权，崇尚清谈，监察法制无所建树。相反，北朝在创建总体法制的同时也进行了监察立法。

北朝少数族入主中原以后，为了立足长久，在政治上励精图治；在文化上追踪两汉，力戒南朝清谈玄学之风；在法制上以《汉律》为楷模，其中西魏的《六条诏书》和北周的《诏制九条》，是具有代表性的监察立法。

度支省尚书苏绰奉命制定《六条诏书》，一修身心，二敦教化，三尽地利，四擢贤良，五恤狱讼，六均赋役。对这六条"太祖甚重视，常置诸座右，又令百司习诵之，其牧守令长，非通六条及计帐者，不得居官"[2]。苏绰所定六条既是考绩的标准，也是察吏的原则性规定，这两者的结合，反映了监察职能的扩大。

北周宣武帝即位以后，在遣大使巡察诸州时，颁发《诏制九条》，宣下州郡，作为察吏的根据："一曰决狱科罪，皆

---

[1] 《晋书·武帝纪》。
[2] 《周书·苏绰传》。

准律文；二曰母族绝服外者，听婚；三曰以杖决罚，悉令依法；四曰郡县当境贼盗不擒获者，并仰录奏；五曰孝子顺孙义夫节妇，表其门闾，才堪任用者，即宜申荐；六曰或昔经驱使，名位未达，或沉沦蓬荜，文武可施，宜并采访，具以名奏；七曰伪齐七品以上，已敕收用，八品以下，爰及流外，若欲入仕，皆听预选，降二等授官；八曰州举高才博学者为秀才，郡举经明修律者为孝廉，上州、上郡岁一人，下州、下郡三岁一人；九曰年七十以上，依式授官，鳏寡困乏不能自存者，并加廪恤。"[1]《诏制九条》首察官吏决狱科罪是否准律，不仅是对公正司法的追求，更重要的是借以克服拓跋族任意施刑的传统习惯。关于母族绝服外听婚和旌荐孝子顺孙义夫节妇等规定，反映了对于汉族礼制的尊重，这种文化上的适应性，对于北朝稳定统治具有重要意义。

三、一台三院制的形成、演变与监察法的细化
——唐、宋、元

唐朝，是中国历史上少有的盛世，特别是典章制度，趋于稳定和定型，史书称赞说"莫备于唐"。唐初，鉴于汉以来监察权的分散所造成的矛盾，在总结经验的基础上正式确立了一台三院的体制，并定期或不定期地遣使出巡，不仅沟通了中央与地方的政令，也形成了遍布全国的监察网络，而玄宗时期制定的《监察六法》涵盖了所有职官，是监察法的

[1]《周书·宣帝纪》。

重大发展。

"一台三院"的监察体制,即以御史台为中央最高监察机构,御史台以御史大夫为长官,正三品,是名副其实的台长,执掌弹劾百官,参与大狱,审察礼仪,尽规献纳,监督府库的出纳,是皇帝"耳目之司"的重要官职。御史中丞二人为辅佐,"掌邦国刑宪典章之政令,以肃正朝列"[1],"掌以刑法典章,纠正百官之罪恶"[2]。《文献通考·职官七》说:"大唐自贞观初,以法理天下,尤重宪官,故御史复为雄要。"玄宗在《饬御史、刺史、县令诏》中也说:"御史执宪,纲纪是司。"[3]睿宗更进一步表示:"彰善瘅恶,激浊扬清,御史之职也。政之理乱,实由此焉。"[4]

御史台以下分设台院、殿院、察院。

台院,设治书侍御史六人,从六品下,执掌纠弹中央百官,参加大理寺审判和推鞫由皇帝制敕交付的案件,以及总判台内杂事。由于侍御史职权极重,在御史中品级最高,受到特殊重视,或由皇帝直接指派,或由宰相、御史大夫商定由吏部选任。

殿院,设殿中侍御史四人,从七品下,执掌纠察朝仪,巡视京城内外,监督朝会、巡幸、郊祀活动的礼仪,以维护皇帝的尊严。

---

[1] 《唐六典·御史台》。
[2] 《新唐书·百官志三》。
[3] 《全唐文·玄宗十》。
[4] 《全唐文·睿宗二》。

察院，设监察御史十五人，正八品下，其中三人分察六部，所谓"分察尚书六司，纠其过失"[1]，称为"部察"。余十二人，巡按州县，监察州县地方官吏。唐朝以"道"为监察区，因此对地方的监察，又称"道察"。道察或由察院临时派出监察御史，具有奉敕特使的性质，或者定期巡视。监察御史在御史台中品级虽低，但可以不预先经过御史台长官，而直接向皇帝奏劾。贞观八年（634年），太宗发布《遣使巡行天下诏》："宜遣大使，分行四方，申谕朕心，延问疾苦，观风俗之得失，察政刑之苛弊。耆年旧齿，孝悌力田，义夫节妇之家，疾废茕嫠之室，须有旌赏赈赡，听以仓库物赐之。若有鸿材异学，留滞末班，哲人奇士，隐沦屠钓，宜精加搜访，进以殊礼，务尽使乎之旨，俾若朕亲睹焉。"[2]神龙二年（706年）二月又颁敕，选官二十人"分为十道巡察使，二周年一替，以廉按州部。俾其董正群吏，观抚兆人，议狱缓刑，扶危拯滞。皆能抗词直笔，不惮权豪，仁恕为怀，黜陟咸当，别加奖擢，优以名器。如脂韦苟全，蓬葆戚施，高下在心，顾望依附者，将迁削屏弃，肃以宪章"[3] 开元八年（720年）八月玄宗遣御史大夫王晙等巡按诸道，"巡内有长吏贪扰，狱讼冤抑，暗懦尸禄，苛虐在官，即仰随事按举所犯状，并推鞠准格断覆讫闻奏。仍便覆囚"[4] 有时针

---

[1]《唐六典·御史台》。
[2]《全唐文·太宗二》。
[3]《唐大诏令集·按察上》。
[4]《唐大诏令集·按察下》。

对特别事项，派出御史专察，例如，开元四年（716年）七月遣使分道巡按时，以司法监察为重点。"其天下囚徒，虑有冤滞，宜令大理寺及本巡使，所在按理，流罪已下，非犯名教及官典取受，并听减一等收赎；即使非理均事可疑者，并杖以下罪，并宜放免。"〔1〕太和年间还因天灾粮价昂贵，专令御史巡定诸道米价。

御史出巡，尤其是遣使巡察，其活动在皇帝的直接控制下，所谓"事无巨细得失，皆令访察，回日奏闻，所以明四目，达四聪也"〔2〕，这是出巡御史位卑权重的根源。御史的活动不仅在客观上造成了皇帝关心民瘼的印象，而且也起到了整肃吏治、巩固专制制度的作用。

唐初在艰难缔造法治秩序的过程中强调百官理政依律，太宗在《纠劾违律行事诏》中严肃指出："自今以后，官人行事，与律乖违者，仰所司纠劾，具以名闻。"〔3〕监察御史初按汉代"六条问事"进行纠弹。武则天时尚书侍郎韦方质奉旨修定监察州县的四十八法，所谓"以四十八条察州县"〔4〕。实行十年后，以其烦琐难于执行而中止。玄宗开元年间，制定《六察法》，具体如下："察官人善恶；察户口流散，籍账隐没，赋役不均；察农桑不勤，仓库减耗；察妖猾盗贼，不事生业，为私蠹害；察德行孝悌，茂才异等，藏器晦迹，应

---

〔1〕《全唐文·苏颋四》。
〔2〕《旧唐书·颜真卿传》。
〔3〕《唐大诏令集·刑法》。
〔4〕《新唐书·百官志》。

时行者；察黠吏豪宗兼并纵暴，贫弱冤苦不能自申者。"[1]

《六察法》虽以汉"六条问事"为宗，但汉唐历史背景不同而有所发展。开元二十二年（734 年）二月十九日，玄宗在《置十道采访使敕》中明确指出了这一点："且十道为率，六察分条。周汉已还，事有因革，帝王之制，义在随时。其天下诸道，宜依旧逐安便置使，令采访处置。若牧宰无政，不能纲理；吏人有犯，所在侵渔，及物土异宜，人情不便；差科赋税，量事取安。朕所责成，贵在简要，其余常务，不可横干。"[2]汉设十三部监察区，以强宗豪右、二千石及其子弟为监察重点，以推行强干弱枝的政策。唐则牧宰与吏人并察，列为六察之首，反映了地方官僚系统的发展以及朝廷对地方官的倚重。两汉魏晋以来的强宗豪右和士家大族，经过隋末农民大起义的沉重打击，已经急遽没落，不再是中央集权的主要威胁，因此列于六察之末。

唐朝作为封建盛世，归根结底是以均田制为基础的农业发展的结果，因此对地方官吏的经济监察，诸如户口、籍账、赋役、农桑、仓库等占有很大的比重。

此外，唐朝实行科举选官制度，取代了自汉以来的察举、征辟，因此地方官选署不平已不在监察之列，而改为不使"应时行用"者埋没民间。

《六察法》不仅涉及官吏的治绩，也兼顾官吏的品德、

---

[1] 《新唐书·百官志》。
[2] 《唐大诏令集·官制上》。

学识、才能，从而展示了唐代遴选文官的基本条件。

《六察法》的对象、要求、范围、处理方式均有具体规定，使出巡御史有章可循，同时也是对位卑权重的御史的一种约束，防止其滥用监察权。贞元十年（794 年）四月敕中便严令出巡御史"宜令自今以后，据六典合举之事，所司有隐蔽者，即具状奏闻。其余常务，不须更闻"[1]。出使御史如"非充按察覆囚，不得辄差判官"，更不许作威作福，以致"州县祗迎，相望道路，牧宰祗候，僮仆不若"[2]。

针对唐朝允许御史"风闻弹奏"，为防止弹奏不实所造成的不良后果，中宗时曾下诏："每弹人，必先进内状，许乃可"[3]，以后遂成为定制。同时，也严防监察官结成朋党，贞元元年三月，宰相召谏官、御史宣谕上旨："自今上封弹劾，宜人自陈论，不得群署章奏，若涉朋党。"[4]大中元年（847年）四月，御史台鉴于诣"台"告诉民事纠纷的增多，特别奏准，未经本司论理的案件，不得径赴御史台告诉，以确保御史台发挥"临制百官，纠绳不法"的主要职能，避免越权限。其文如下："伏以御史台临制百司，纠绳不法，若事简则风宪自肃，事烦则纲纪转轻。至如婚田两竞，息利交关，凡所陈论，皆合先陈府县。如属诸军诸使，亦合于本司披论。近日多便诣台论诉，烦亵既甚，为弊颇深。自今以后，伏请

---

[1]《唐会要·御史台上》。
[2]《唐会要·御史台下》。
[3]（唐）刘餗：《隋唐嘉话》卷下。
[4]《唐会要·御史台中》。

应有论理公私债负，及婚田两竞，且令于本司、本州府论理，不得即诣台论诉。如有先进状及接宰相下状送到台司勘当审知，先未经本司论理者，亦且请送本司。如已经本司论理不平，即任经台司论诉。台司推勘冤屈不虚，其本司本州元推官典，并请追赴台推勘，量事情轻重科断。本推官若罪轻，即罚直书下考，稍重，即停任贬降。以此惩责，庶免旷官。"〔1〕

唐朝的监察官"位卑权重"，虽不过八品，不及县令，但上可以纠百司长官，下可以察地方大员。位卑便于皇帝控制，权重源于皇帝倚重，因此监察官职能的发挥，也同皇帝个人的品德密切相关。贞观年间，侍御史柳范奏弹吴王李恪游猎，践踏田禾，太宗因对侍臣说："权万纪事我儿，不能匡正，其罪合死。"〔2〕

综上所述，唐朝扩大了监察机构组织，赋予御史以广泛的监察权；充实了监察立法，使得监察机构的活动有章可循，以确保监察权的正确行使，发挥肃正纲纪与吏治的作用。监察活动的法律化，是封建行政管理不断完善的一个重要标志。

宋袭唐制，设御史台为最高监察机构，执掌"纠察官邪，肃正纲纪，大事则廷辩，小事则奏弹"〔3〕，以御史大夫为台长，从二品，但向无实任，而以御史中丞，从三品，执掌台事。御史台下设台院、殿院、察院。侍御史与殿中侍御史有言事、议政之权。监察御史负责监察六曹及百司之事，

---

〔1〕《唐会要·御史台上》。
〔2〕《文献通考·职官考七》。
〔3〕《宋史·职官志四》。

负责六察。所谓六察，以吏部及审官院、三班院属"吏察"；以户部三司及司农寺属"户察"；刑部、大理寺、审刑院属"刑察"；兵部、武学属"兵察"；礼部与太常寺属"礼察"；工部、少府、将作等属"工察"；而以监察御史为六察官。

神宗元丰改制时，侍御史入阁承诏治狱，不再是御史台的属官，台院实际上名存职废，出现了三院合并的趋势。

宋朝的监察制度扩大了御史的弹奏权和行政监督权。按宋制，"自朝廷至州县，由宰相及于百官，不守典法皆合弹奏"[1]，神宗时御史唐坰便曾面弹宰相王安石。此外，御史台负责点检、编修现任文武官的班簿；参预考课监司、郡守；外官任满到阙，京官除授转官或赴外任，都要经过"台参""台谢""台辞"的考核程序，"遇有老病昏懦之人……若委实不堪厘务者，并许弹奏"[2]。

由于御史权重，故由皇帝亲自掌握御史的任免权。废除唐代宰相所握有的御史任用权和宰相荐举御史权，凡经宰相荐举为官以及宰相的亲戚故旧均不得为御史，以保证御史对中枢机构的监督。凡未经两任县令者，不得为御史，以保证御史具有实际的施政经验，更好地行使监察权。

允许御史"风闻弹人"而不一定要有实据。奏弹不当也不加惩罚，而且明令御史每月必须奏事一次，称为"月课"，如上任后百日内无所纠弹，则罢黜作外官，或罚"辱台钱"。"风闻弹人"的规定，反映了皇帝防范臣下的急切心态，和

---

〔1〕《续资治通鉴长编·元祐元年三月》。
〔2〕《宋会要辑稿·职官》五十五之九。

对于耳目之司的倚重。由此也助长了御史弹劾权的滥用。

　　宋朝在地方建立了监司、通判监察体系。监司是由皇帝派到路一级的负责监督地方军、政、财、刑的机构，彼此互不统属，直接对皇帝负责。至于通判是州的监察官，负责监察知州及所部官吏。仁宗曾明确指出："州郡设通判，本与知州同判一郡之事，知州有不法者，得举奏之。"[1]

　　监司通判监察系统的建立，形成了上下左右涵盖宽广的监察网络。

　　综上所述，宋朝监察机构及其职权的扩大，是中央集权的需要。御史所拥有的广泛监察权，是附着于皇权的，是受皇帝的信任程度而为之消长的。但为了约束御史监察权的滥用，实行监察机构与其他机构互察之法。譬如尚书省握有"奏御史失职"[2]之权，诸路监司之间，可彼此监督、互相纠举，如不互察，以失察罪论处。互察之法加强了监察机制，是宋代监察制度的重要发展。

　　此外，为了防止御史借风闻言事挟嫌攻讦，仁宗皇祐元年（1049年）降诏："自今言事者，非朝廷得失、民间利病，毋得以风闻弹奏，违者坐之。"[3]

　　宋朝是一个加强中央集权和专制统治的朝代，为避免五代动乱的重演，统治者严密防范臣下结党，使各级官僚之间互相监督、互相制约。所谓"事为之防，曲为之制"。由此

---

〔1〕 （北宋）孙逢吉：《职官分纪·通判军州》。
〔2〕 《宋史·职官志一》。
〔3〕 《续资治通鉴长编·皇祐元年春正月》。

可知，统治者非常重视发挥监察机构察吏的作用，特别是注意控制位高权重的宰相。太祖时，殿中侍御史雷德骧弹劾开国功臣宰相赵普"强市人第宅，聚敛财贿"[1]。大观年间，蔡京为相，御史中丞石公弼与殿中侍御史张克公"论其罪"[2]，蔡京罢相。绍兴二年（1132年）四月，殿中侍御史黄龟年弹劾右仆射秦桧"专主和议，沮止国家恢复远图，且植党日众，将专国自恣"[3]。

宋朝由于专制主义政治制度的强化，使得皇帝颁发的诏、敕、令、格等成为经常的、主要的监察法律表现形式。在有的诏敕中，明确宣布御史是皇帝的耳目之司。如，崇宁五年（1106年）十月十六日《诫约监司体量公事怀奸御笔手诏》中说："监司分按诸路，为耳目之任。"[4] 政和元年十二月二十一日[5]《诫饬台官言事御笔手诏》中也说："耳目之寄，台谏是司。古之明王，责以言事，罔匪正人，故能雍容无为，端拱于一堂之上，广览兼听，信赏必罚，以收众智，以驭群吏，百官向方而万事理。"[6] 与此同时，《训饬百司诏》再次申明："御史耳目之官也，举台纲，肃官邪，惟汝之责，何惮而不为，汝其分行纠劾不法，必罚无赦。"[7] 正是由

---

〔1〕（南宋）朱熹：《宋名臣言行录前集·赵普》。

〔2〕《宋史·石公弼附张克公传》。

〔3〕《宋宰相辅编年录·绍兴二年八月甲寅》。

〔4〕《宋大诏令集·诫饬七》。

〔5〕政和元年通常作1111年，但该日实为1112年1月21日。

〔6〕《宋大诏令集·诫饬八》。

〔7〕《宋大诏令集·诫饬八》。

于监察官是皇帝的耳目之司，因此，如有"怀奸挟情，不实不尽"[1]，蒙蔽圣聪，贪赃枉法者，从重治罪。

除此之外，还通过国家立法的形式详定监司与按察官的职掌与违法处置办法。《庆元条法事类·职制令》有以下规定：

诸监司每岁分上下半年巡按州县，具平反冤讼，搜访利害，及荐举循吏，按劾奸赃以闻。

诸监司岁以所部州县量地里远近更互分定，岁终巡遍。提点刑狱仍二年一遍，并次年正月具已巡所至月日申尚书省。

诸监司巡历所至，应受酒食之类辄受折送钱者，许互察。

诸监司巡按，许接见宾客，唯不报谒。

诸监司巡历所至，止据公案簿书点检，非有违法及事节不圆，不得分令供析，无公事不得住过三日。

诸监司准指挥分诣本路州干办者，各依本年已分巡历处。

诸州县禁囚，监司每季亲虑，若有冤抑，先疏放讫，具事因以闻。

诸监司每岁被旨分诣所部点检、催促结绝见禁罪人者，各随置司州地里远近限五月下旬起发，至七月十五日以前巡遍，仍具所到去处月日申尚书省。

诸监司巡按，遇诸州州院、司理院，并县禁罪人及品官、命妇公事各徒以上者，虽非本司事，听审问。若情涉疑虑，或罪人声冤，或官司挟情出入而应移推者，牒所属监司行，

---

[1]《宋大诏令集·诫饬七》。

若承报不行，或虽行而不当者，具事因奏。

诸监司每岁点检州县禁囚淹留不决或有冤滥者，具当职官职位、姓名按劾以闻。

诸生子孙而杀或弃之罪赏条约州县乡村粉壁晓示，每季举行，监司巡历常点检。

诸巡检、县尉遇在廨宇，每日躬亲教阅，仍具注于历，监司因按阅取历点检。

诸监司巡历所至，按阅多手，每岁一阅，不至者，听差官。

诸守戍禁军因差出枉路私归营，若缘路托疾寄留避免征役宗官司容纵及审验不实者，监司因巡历觉察按劾。

诸将副训练官应约束措置兵政军情不便，并职事违法或勘断不当，听州县长官觉察，申经略安抚、钤辖司，或提举将兵官，如应勘劾，仍权移别将。监司巡历所至点检。

诸将下军须什物，转运、提点刑狱司岁一点检。

诸州招填禁军，转运司巡历所至听点检，有违法者，牒提点刑狱司行。

诸发运、监司公文行下所部，非置司所在，实封递送，不得差人，其巡历所至，逐处令人承受。

诸察访所至，采访在任官能否奏，仍以知州、通判治状申尚书省，武臣申枢密院。

诸监司按察官，每岁终具发摘过赃吏姓名置籍，申尚书省。

诸监司分上下半年，具所部县令有无善政显著及谬懦不职之人申尚书省。

诸监司每岁分上下半年巡按州县,具平反冤讼、搜访利害及荐举循吏、按劾奸赃以闻。

诸监司知所部推行法令违慢,虽非本职,具事因牒所属监司施行。其命官老病不职而非隶本司者,准此,仍听具奏。即辞讼事属本司,听受理。已经本司理断,其余监司方许受理。

诸按察官知所部官有犯,若事理重者,躬亲廉察,余事听先委不干碍清强者体究,有无实迹,结罪保明申。所委官司于按章内明坐所差官体究到事因,并不得出榜召人首告。即犯赃私罪虽已离任,被告论或因事彰露者,听按治。

诸官司无按察官而有违法及不公事者,发运、监司按察奏,发运、监司互相觉察,其经略按抚、发运、监司属官,听逐互行按举。

诸所部官有犯,监司郡守依法按治,不得倚阁俸给,仍许诸司互察。[1]

《庆元条法事类·职制敕》规定如下:

诸监司巡历所部不遍者,杖一百,遍而不申,减二等。

诸监司巡按,巧作名目追呼巡、尉、弓兵将带出本界者,杖一百。

诸监司官巡按,般担人有人应差而和雇者,徒二年。

---

[1] 根据《名例敕》"诸称监司者,为转运、提点、刑狱、提举常平司;称按察官者,谓诸司通判以上之官及知州通判各于本部职事相统摄者"。见《庆元条法事类·职制门四》,"监司巡历"条、"监司知通按举"条。

诸监司每岁巡历所部州县，若承指挥非泛干办，及因疾故未遍复出，辄再受到、发酒食供馈，并依例外受馈送法。

诸监司每岁诣所部点检、催促结绝见禁罪人，于令不应委官而辄委者，徒二年。

诸发运、监司巡历，随行吏人所在受例外供馈，以受所监临财物论。

诸监司巡按，随行公吏、兵级于所部受乞财物者，许人告。

诸州县公吏因监司巡历点检辄逃避者，杖一百，因追呼整会事节省，加一等，并勒停，永不收叙。

诸监司知所部推行法令违慢，非本职而已具事牒所属监司，若承报不即按举，或施行阔略，而元牒之司不举奏者，减所属监司应得之罪一等。即监司于职事违慢，逐司不互察者，准此。若犯赃私罪庇匿不举者，以其罪罪之。

诸所部违法，监司及知州、通判失按举并奏裁。

诸按察官体量所部官，各以实犯罪状具奏，诸司不许互相关白。其被旨体量虽先失按举，但事得实者，除其罪。[1]

另据《庆元条法事类·断狱令》，也对诸监司行使司法监督权作出以下规定："诸监司有所按劾，限三十日具所按事状及应推治人录奏，仍申尚书刑部。诸官司按发官吏不究事实，或挟情奏劾，致降先次指挥，如勘得别无元劾罪犯，

---

〔1〕《庆元条法事类·职制门四》，"监司巡历"条、"监司知通按举"条。

具因依奏闻。"〔1〕

"诸监司决罪人，于所在州县勾杖直。若巡历非州县者，听就近勾，差过即遣还。余官应论决而无杖直者，亦听差借。诸官司遇按察官巡历点检，不得移罪人于厢店锁系。"〔2〕

监察法中不仅严格规定监察官的法定责任，还详列违纪重罚之法。凡应察而不察，或擅作威福，或贪赃枉法，分别处以罢黜、杖一百、徒二年、流二千里、永不收叙等惩罚。崇宁五年（1106年）《诫约监司体量公事怀奸御笔手诏》中说："监司分按诸路，为耳目之任，近降指挥，体量公事，而观望顾避，附下罔上，隐庇灭裂，变乱事实……使朝廷刑罚失误，其罪莫大，除已究正，量行黜责外，自今敢有怀奸挟情，不实不尽者，流二千里，斥之远方，永不收叙，仍不以去官敕降原减。布告诸路，咸使闻知。"〔3〕

为了发挥监察官的作用，防范监察官弄权行私，宋朝特别制定了监司互监法，它是宋代监察法规中最具有特色的，具体如下：

诸官司无按察官而有违法，及不公事者，发运、监司按察奏，发运、监司互相觉察，其经略按抚、发运、监司属官，听逐互行按举。

诸所部官有犯，监司郡守依法按治，不得倚阁俸给，仍

---

〔1〕《庆元条法事类·职制门四》，"监司知通按举"条。
〔2〕《庆元条法事类·职制门四》，"监司巡历"条。
〔3〕《宋大诏令集·诫饬七》。

许诸司互察。

诸灾伤路分，安抚司体量措置，转运司检放展阁，常平司禀给借贷，提点刑狱司觉察妄滥，如或违戾，许互相按举，仍各具已行事件申尚书省。

诸监司知所部推行法令违慢，非本职而已具事牒所属监司，若承报不即按举，或施行阔略，而元牒之司不举奏者，减所属监司应得之罪一等。即监司于职事违慢，逐司不互察者，准此。若犯赃私罪庇匿不举者，以其罪罪之。[1]

综上可见，宋朝监察制度发展的概况尤以监察法内容较为全面，成为行政立法中的典中之典，并且得到体制上的保障。

元朝是以蒙古贵族为主体联合汉族和其他民族上层组建的政权，元世祖为了监督防止广大的汉官群体和同蒙古贵族的保守势力作斗争，非常重视监察机构的作用。他常说"中书朕左手，枢密朕右手，御史台是朕医两手的"[2]。按元制，中书是最高行政机构，枢密是最高军事机构，可见，御史台的职权上及于最高军政机构，而且世祖此言被元朝奉为"重台之旨"，"历世遵其道不变"。世祖以后，武宗至大二年（1309 年）九月诏曰："风宪为纲纪之司，民生休戚，官政废

---

〔1〕《庆元条法事类·职制门四》，"监司知通按举"条引《职制令》《职制敕》。

〔2〕（明）叶子奇：《草木子》。

举，关系匪轻。"[1] 至大四年四月又下诏："风宪之官，职膺耳目，纠劾百司，凡政令之从违，生民之休戚，言责所关，实要且重。"[2]

元朝仍以御史台为中央最高监察机构。《元史·百官志》记载："御史台，秩从一品。大夫二员，从一品；中丞二员，正二品；侍御史二员，从二品；治书侍御史二员，正三品，掌纠察百官善恶、政治得失。"[3] 御史台下设殿中司，殿中侍御史二员，正四品。凡大朝会，百官班序，其失仪失列，则纠罚之；在京百官到任假告事故，出三日不报者，则纠举之；大臣入内奏事，则随以入，凡不可与闻之人，则纠避之。察院，秩正七品，监察御史三十二员，司耳目之寄，任刺举之事。

元朝为了监抚地方反元势力，还在江南、陕西设行御史台，为中央御史台派驻地方的最高监察机构，其长官正二品，有权弹劾地方最高行政长官。除此之外，至元六年（1269年）正月，世祖"立四道提刑按察司"，是为元朝设置地方监察机构之始。至元二十八年（1291年），改按察司为肃政廉访司，以示宪司监察对于肃政的积极作用。每道（监察区，共二十二道）设廉访使二员，正三品。

为了使监察机构的活动有法可循，元朝制定了一系列监察法规。世祖至元五年（1268年），在侍御史高鸣主持下，

---

〔1〕《元典章·圣政·肃台纲》。
〔2〕《元典章·圣政·肃台纲》。
〔3〕《元史·百官志二》。

"定台纲三十六条"，即《宪台格例》。至元六年（1269年）制定《察司体察等例》，以明各道宪司的职责。至元十四年（1277年）又制定《行台体察等例》，以明行御史台的职责。此后，至元二十一年（1284年）制定《禁治察司等例》、至元二十五年（1288年）制定《察司合察事理》、至元二十九年（1292年）制定《廉访司合行条例》。经过世祖一代的努力，监察法规基本完善。

仁宗时期，还先后制定、颁行了《宪台通纪》《南台备要》《宪台格例》《行台条画》等单行的监察法。而在《元典章》和《至元新格》中也都含有监察法的内容，尤其是《元典章》中所载监察法规，已有适用于中央与地方的明确区分。

此外，元朝还把封建刑法典的类推原则运用于监察立法，《行台条画》最后一条规定："其余该载不尽，应合纠弹事理，比附已降条画，斟酌彼中事宜，就便施行。"借以防止失监、漏监。这条规定赋予了监察御史法定的和法律外的监察权。

然而，元朝的监察法律规范虽然较之唐宋细密和趋于法典化，但是元朝并不是奉法为治的朝代，而是依靠军事和民族特权进行统治，在立法与执法之间严重脱节，尤其是在皇帝昏庸、奸相使权的情况下，许多监察立法成为具文，以致丧失了监察制度作为封建官僚政治自我调节器的作用，终于导致元朝的迅速灭亡。

四、都察院一院制与监察法的法典化——明、清

明清两朝是中国古代社会最后的两个王朝，而且都以专制主义制度的极端发展为特征，由此带来了传统监察机构体制的重大变化。

明朝建立以后，朱元璋鉴于元朝覆灭于"宽纵二字"，因而确立了以重典治国的方略，十分重视监察机构的作用。曾经面谕都察院长官说："国家立三大府，中书总政事，都督掌军旅，御史掌纠察。朝廷纪纲尽系于此，而台察之任尤清要。卿等当正己以率下，忠勤以事上，毋委靡因循以纵奸，毋假公济私以害物。"[1]

在废相制以后，为了统一监察权，洪武十五年（1382年）十月丙子废除了御史台的三院制，改设都察院一院制，都察院设左、右都御史，正二品，执掌"都御史，职专纠劾百司，辩明冤枉，提督各道，为天子耳目风纪之司。凡大臣奸邪、小人构党、作威福乱政者，劾。凡百官猥茸贪冒坏官纪者，劾。凡学术不正、上书陈言变乱成宪、希进用者，劾。遇朝觐、考察，同吏部司贤否陟黜。大狱重囚会鞫于外朝，偕刑部、大理谳平之。其奉敕内地，衬循外地，各专其敕行事"[2]。左、右都御史下设左、右副都御史，正三品，左、右佥都御史，正四品。由唐朝构建一台三院的中央监察体制

---

[1]《明史·职官志二》。
[2]《明史·职官志二》。

以后，延至宋元，台院虽名存实亡，但店院、察院依旧执掌固定的职权，历数百年之久。至明朝时废一台三院制，改行都察院一院制，这是和专制主义的强化密切关联的。

由于废除相制，六部成为直属于皇帝的最高执政机构，为防止部权过重，创设了以六部长官为监察对象的六科给事中制度。给事中原为谏官组织，随着谏官体制的废除，给事中为六科执掌，成为直接对皇帝负责、以监督六部官员为职能的独立的监察机构。至此，科道合一，共同隶属于都察院。

自唐以来，御史出巡制度逐渐盛行。至明朝，御史巡按地方进而制度化。

巡按御史出巡之前须明确出巡任务并经严格考核然后"点差"派遣。《明史·职官志二》记载："巡按则代天子巡狩，所按藩服大臣、府州县官诸考察，举劾尤专，大事奏裁，小事立断。按临所至，必先审录罪囚，吊刷案卷，有故出入者理辩之。诸祭祀坛场，省其墙宇祭器。存恤孤老，巡视仓库，查算钱粮，勉励学校，表扬善类，翦除豪蠹，以正风俗，振纲纪。"

明朝对巡按御史的选派称为点差，即点派差遣。一般先由都察院从御史中拟定候选人二人，由都御史在朝会时引至皇帝，最后由皇帝点差其中一员。点差一般要遵循以下几条原则：一是唯以才力相应，不拘历任先后。二是根据地理位置不同而决定人选，做到人地相宜。三是根据路程远近和事务繁简而分为大、中、小三等。初任御史时必先经小差，经考核合格后，再经过中差，然后派遣为大差。程序严格，目的是保证巡按御史能够有效地发挥监察作用。

巡按御史职权广泛，涉及地方的经济、行政、司法、文化、教育等诸多方面，但以行政监察与司法监察为重点。此外，还兼有了解民风等职责，对志行卓异的孝子、节妇等，在核实后，或移交有关部门，或上奏皇帝，请求予以表彰。

御史巡按地方一般采取明察或暗察的方式进行。明察是公开地到官府吊刷卷宗、审录罪囚，接受百姓诉讼，有时还将视察的内容通知州县，称为刷牒，州县据此预作准备。

暗察是一种不张声势地深入民间微服私访的方式，《出巡事宜》规定"凡考察官吏廉贪贤否，必于民间广询密访，务循公议，以协众情"。巡按御史实行便服暗察，所获的官吏治政信息具有较强的客观性。因此，大多采取暗察的巡查方式。

御史完成巡按各地任务，返回都察院，称为"回道"。回道御史必须按照考察所列项目，列举巡历地方的办事经过，其已完、未结及具体处理过程等，一一开奏明白，并造册上报。都察院考察回道御史所依据的准则和标准，以嘉靖十三年（1534 年）制定的《巡按御史满日造报册式》二十八条和《按察司官造报册式》十一条最为详备。

巡按御史任满时须造册呈报自己在任内所办之事，呈报的项目有二十八项之多。然后由都察院派人勘实，称职者得以仍旧任御史，不称职者改调。嘉靖六年（1527 年），明世宗就都察院"今后巡按御史满日，务要严加访察，果无赃私过犯，推诿避事等项实迹，取具该道结勘明白，方许回道管事。若有不职事迹，不许朦胧具奏。照例奏请罢黜"[1]。明代巡按御史因违法被惩处之事多有，如宣德时"巡按湖广御史赵伦，需索官民罗绮，收买人口，又与乐妇奸通，命谪戍辽东"[2]。

巡按御史制度改变了坐镇受理吏民检举与诉讼的单一被动的监察方式，在一定程度上减少了虚监、失监的官僚主义现象，大大提高了监察的效果。明会典中还规定了巡按御史的回避制度。

有明一代，正是从"风宪之设，在肃纪纲，清吏治"出发，开展了大规模的监察立法活动，并取得了新的成就。在《诸司职掌》与《大明会典》中都设有专章规定都察院及六科的职责、权限及活动原则等，而更有价值的是单行的监察法规。

洪武四年（1371年）正月，"御史台进拟《宪纲》四十条，上览之亲加删定，诏刊行颁给"，这是明朝最早的，也是最为重要的监察法规。洪武二十六年（1393年）前后，又制定了《宪纲总例》、《纠劾官邪规定》、《统政使司典章》（总例）及事例、《六科给事中》总例及各科事例、《出巡事宜》、《巡抚六察》及《责任条例》等监察法规。后经惠文帝、成祖、仁宗、宣宗历朝均有所增补。至英宗正统四年（1439年），制定《宪纲条例》，史书说："及正统中所定《宪纲条例》甚备，各以类分列。"此后，历朝均奉为圭臬。

---

[1]《明会典·户部十九》。
[2]《万历野获编·工部》。

嘉靖六年（1522 年）九月，"张璁以署都察院，复请考察诸御史，黜蓝田等十二人，寻奏行宪纲七条"[1]。同年十月，胡世宁为左都御史，又奏上《宪纲》十余条，这些都是对《宪纲条例》的补充。此外，嘉靖皇帝还制定了《监官遵守六款》《监纪九款》《满日造报册式》等约束监察官的法规。

综上可见，明代监察立法是汉唐宋元以来监察立法的传承与发展，曾经起到了纠正官邪的重要作用，而且为清代监察立法提供了重要的历史渊源。但是明朝专制制度的极端发展所造成的宦官专权，使得监察立法后多成为具文。

清袭明制，监察体制无大的改变，只是监察立法进一步充实，达到法典化的程度。

清朝是末代封建王朝，清朝法律是封建法律的完备形态，就监察法而言也集历代监察法之大成。清代监察法除在《大清律例》职制门和其他门中有所规定外，主要集中于乾隆朝编纂的《钦定台规》，它是一部较为完整的监察法规。后经嘉庆、道光、光绪续修，合称"四朝台规"。嘉庆朝的《钦定台规》二十卷，是乾隆八年（1743 年）台规的续修，由贡阿拉奉命领衔，于嘉庆九年（1804 年）钦准刊布。道光朝的《钦定台规》四十卷，在嘉庆九年（1804 年）台规基础上，由松筠领衔修订，颁行于道光七年（1827 年）。光绪朝的《钦定台规》四十二卷，由延煦奉命续修，于光绪十六年

---

[1]《明会要·职官志二》。

（1890 年）由都察院正式公布。

光绪朝《钦定台规》分为八门：

第一，训典，包括圣制、圣谕、上谕三目，借以显示台规的钦定价值和权威性。"圣制"是皇帝的题辞和专论，如康熙帝"御制台省箴"、嘉庆帝"御制都察院箴"等。"圣谕"和"上谕"是自清初至光绪年间皇帝的指示、要求与规定的汇集。如雍正三年（1725 年），为了保护科道官举劾、奏弹不受干扰，特颁上谕："准科道官密折举劾"，"令各人密封进呈，其中言有可采招怨结冤者，朕将折内职名裁去发出，或令诸臣会议，会见诸施行，而外间不知何人所奏"。[1]密折举劾是对科道官行使监察权力的一种保障。

第二，宪纲，包括序官、陈奏、典礼、考绩、会谳、辩诉六个部分。其中"序官"，详列都察院的官制、品级、职掌；"陈奏"，是都察院官员的奏事制度；"典礼"，是科道官员对朝会、临雍、祭祀等大典侍班纠仪的规定；"考绩"，主要是京察、大计、军政等考核文武官员的制度；"会谳"，是都察院与刑部、大理寺会审、稽核案件的规定；"辩诉"，是处理案犯陈诉、京控以及管理登闻鼓厅的一系列规定。

第三，六科，包括通掌、分掌两目。"通掌"，涉及本章、敕书、轮值、注销四个部分，为六科的共同任务及其要求；"分掌"，规定各科的具体任务及其要求。

第四，各道，包括通掌、分掌两目。分别规定各道的共

---

[1]《钦定台规·训典二》。

同任务、要求及具体职掌。另载稽察宗人府御史、稽察内务府御史等的职掌及其办事制度。

第五，五城，包括纲领、条教、听断、保甲、纠捕、赈恤、禁令、界址、司坊、街道十目。五城指京师中城、东城、西城、南城、北城，五城察院隶属于都察院。详列有关五城察院的任务及要求。

第六，稽察，包括京通十六仓、户部三库、八旗、宗人府、考试、铨选等目，是关于如何派员稽察某些特殊机构以及稽察内容和要求的规定。

第七，巡察，包括漕粮、盐政、游牧三目，分别规定专差御史的巡察制度。

第八，通例，包括考选、升转、仪注和公署四目。这是关于都察院所属科、道官选拔标准、方法、升转制度及其办事要求的规定。

《钦定台规》凭借钦定的权威，肯定了监察机构的特殊地位和功能，提供了行使监察权的法律根据，以便监察机构发挥"彰善瘅邪、整纲饬纪、铁面霜威、纠慝绳诡、私惠勿酬、私仇勿毁、敢谏不阿、忠贞常矢、言出如山、心清似水、勉尽丹忱、非图誉美、民隐敷陈、治隆患弭"的作用。

《钦定台规》在结构上已有总则、分则之分，显示了立法技术的进步。四朝《钦定台规》根据政治形势的变化决定了其发挥作用的力度和限度，比如道光朝以后，国势日非，因此光绪朝《钦定台规》的许多要求难以贯彻施行。总之，清朝《钦定台规》是历代监察立法之大成，其规范之细密、涉及面之宽广、制度构建之完整，确实达到法典化的标准，在世界监察法制史上无疑是光芒四射的奇葩。

除《钦定台规》外，清朝还制定了一系列专门性的监察法，如《考满四条》《满官京察则例》《劝赏则例》《六部现行则例》《六部处分则例》《五城巡城御史处分例》等。

五、结语

总括上述，中国古代的监察机构经过漫长的发展过程不仅日趋完备，而且形成了具有内在联系和外在相互关系的体系，使内外相维，互相补充，既独立运作，又有特定的规范和程序可循，成为国家机构中地位特殊、作用特殊的国家机构。它所缔造的监察文化和积累的丰富经验，对于当前的中国特色的监察法制建设具有重要的镜鉴价值。

设置检察机构，充分发挥察官治吏的作用，以保证吏治清廉，纲纪严整，不仅古今相通，中外也相仿。尽管国情有别，时代有异，但其基本精神具有一致性。

监察机构不仅得到最高统治者的支撑，而且是最高统治者用于监察权贵、弹劾大吏、打击朋党的得力工具，以排除威胁皇权的势力，以致皇帝一人之下的丞相，也常常受到御史的弹劾而去职。监察活动的原则是以卑察尊，而不是以贵凌贱，这是皇帝有意造成的。为了控制监察权，往往由皇帝亲自掌握监察机构的活动。监察机构权力虽重，但也不过是皇帝的耳目之司而已。因此，有些朝代监察机构尽管声威赫赫，但不存在与皇权的矛盾。

监察机构在漫长的发展过程中，既有阶段性，也有一贯性，它同专制主义中央集权的政治制度的发展相一致。政治权力的集中化影响到监察权力的集中化，监察权力的集中化又保障和加强了政治权力的集中化，二者密不可分。遍及全国的监察网络，不仅使中央的政策上通下达、连成一气，也使得皇帝得以尽快了解千里之外地方政事的利弊得失，这是中央与地方行政机构体系之外的又一重监察信息网络，也是皇帝倚重监察机构的另一原因。

随着监察机构的建立与活动的展开，监察法也相应地得到发展，监察法的价值就在于它为监察活动提供明确的法律依据，既依法进行监察活动，又将监察权的行使控制在法律以内，超出法律规定即为越权，要受到法律制裁。正像监察对象覆盖面的宽广一样，监察法所调整的方面，也极为宽广，几乎涉及国家活动的方方面面。监察法不仅是体现封建法制的内容之一，也是保障封建法制的一种力量。监察法的趋向法典化，恰恰体现了监察任务的不断加重及其活动的日趋加强。在中国古代法律体系中，监察法作为重要的组成部分，显示了中华法系的特殊性。监察法不仅规定了监察主体与监察客体皆须遵守的规范与纪律，为了防止失察、漏察，有些朝代如元朝还规定了监察官享有一定的法律外的监察权。

以良法促善治

——中国古代立法考量

习近平总书记在党的十九大报告中强调"推进科学立法、民主立法、依法立法，以良法促进发展、保障善治"。中国古代从皋陶造律算起，立法也有五千年未曾中断的历史。立法之所以受到历代统治者的重视，是因为它是定分止争、确立不同等级、权利义务关系的规矩；是兴功惧暴、惩奸止邪的强制手段；是治国理政、维持国家纲纪的重要准绳。所以，从古至今，论证"国不可一日无法"者多矣。韩非说"家有常业，虽饥不饿；国有常法，虽危不亡"[1]。近人沈家本说"国不可无法，有法而不善，与无法等"。

从历史上看，无论是统一政权还是偏安一隅的地方政权都在立国之始就急于制定法律。在这个过程中，形成了很有价值的立法原则。为了推进社会主义法治国家的立法工作，

---

[1] 《韩非子·饰邪》。

总结以下几点，作为历史的镜鉴。

一、法因时势而变

《尚书·吕刑》提出的"刑罚世轻世重"是体现区别立法的重要原则。所谓"世轻世重"，按孔颖达疏："当视世所宜，权而行之。"另据《正义》所载："刑罚随世轻重，言观世而制刑也。"后世的"法与时转"就是从刑罚世轻世重发展来的，它是符合法律发展的规律的。因为法律本身就是时代的产物，凡是与时代同步的法律可以称之为良法，凡是与时代相悖的法律是行不通的法律。此外，《周礼·秋官·大司寇》说："刑新国用轻典，刑乱国用重典，刑平国用中典"，按郑玄注："新国者，新辟地立君之国，用轻法者为其民未习于教。""平国，承平守成之国，用中典者常行之法。""乱国，篡弑叛逆之国，用重典者以其化恶伐灭之。""三国三典"体现了因势立法、因地立法，这种区别是从实际出发的法制建设需要，而且充满了政策性与策略性。

战国时期，韩非子说"法与时转则治，治与世宜则有功"[1]。此论是对战国以前立法经验的总结，是以朴素的进化历史观为理论基础，也是适用于古今的通行的原则。孔子在谈及夏商周三代礼（法）的因革关系时指出"殷因于夏礼，所损益可知也。周因于殷礼，所损益可知也"[2]，说明

---

[1]《韩非子·心度》。

[2]《论语·为政》。

三代的礼（法）也都有因时而损益之处。三代以后，历代立法总的逻辑是纵向传承，代有兴革，表明了法律所具有的可变性、时代性、实效性。

汉高祖刘邦在夺取全国政权之前，为了争取民心，逐鹿中原，当众宣布废除繁密于秋荼、凝脂的秦法，与民约法三章："杀人者死，伤人及盗抵罪。"[1] 这赢得了"苦秦法久矣"的父老的支持，对于刘邦取得天下起了积极的作用。

明初鉴于元末纲纪废弛、官吏贪腐，因此明太祖朱元璋确立了重典治国的方针。《明史·刑法志》说："始，太祖惩元纵弛之后，刑用重典。"重典治国的主要表现是扩大了惩治反叛、大逆等罪的范围，加重了对"贼盗"及有关"帑项钱粮等事"的量刑，以及严惩贪赃枉法与渎职的官吏。他曾告谕群臣说："朕昔在民间时，见州县官吏多不恤民，往往贪财好色，饮酒废事，凡民疾苦，视之漠然，心实怒之。故今严法禁，但遇官贪污、蠹害吾民者，罪之不恕。"[2] 在《大诰》收辑的犯罪案例中，大部分是以严刑惩治贪官污吏的。直至晚年朱元璋在谕太孙时表示："吾治乱世，刑不得不重，汝治平世，刑自当轻，所谓刑罚世轻世重也。"[3]

主张维新变法的康有为、梁启超以近代的庸俗进化论为理论基础，宣传变法的历史必然性，康有为在《上清帝第六书中》说："观万国之势，能变则全，不变则亡，全变则强，小变仍

---

〔1〕《汉书·刑法志》。

〔2〕（明）余继登：《皇明典故纪闻》卷二。

〔3〕《明史·刑法志一》。

亡。"〔1〕他认为："物久则废，器久则坏，法久则弊。"〔2〕"法既积久，弊必丛生，故无百年不变之法。"〔3〕他强调："圣人之为治法也，随时而立义，时移而法亦移矣。"〔4〕又说："夫治国之有法，犹治病之有方也，病变则方亦变。若病既变而仍用旧方，可以增疾；时既变而仍用旧法，可以危国。"〔5〕梁启超也指出："法行十年，或数十年，或百年而必敝，敝而必更求变，天之道也。"〔6〕"治旧国必用新法。"

以顽固守旧著称的晚清统治者在庚子变局之后，已经不能照旧统治下去了，被迫发布上谕，表示"法积则弊，法弊则更"，"法令不更，锢习不破，欲求振作，当议更张"。"着军机大臣、大学士、六部、九卿、出使各国大臣、各省督抚，各就现在情形，参酌中西政要，举凡朝章国故，吏治民生，学校科举，军制财政，当因当革，当省当并，或取诸人，或求诸己，如何而国势始兴，如何而人才始出，如何而度支始裕，如何而武备始修，各举所知，各抒所见，通限两个月，详悉条议以闻。……倘再蹈因循敷衍之故辙，空言塞责，遇

〔1〕 中国史学会主编：《戊戌变法·上清帝第六书》，上海人民出版社、上海书店出版社2000年版。
〔2〕 中国史学会主编：《戊戌变法·上清帝第二书》，上海人民出版社、上海书店出版社2000年版。
〔3〕 中国史学会主编：《戊戌变法·上清帝第六书》，上海人民出版社、上海书店出版社2000年版。
〔4〕 康有为：《康南海文集·日本书目志序》。
〔5〕 中国史学会主编：《戊戌变法·上清帝第一书》，上海人民出版社、上海书店出版社2000年版。
〔6〕 梁启超：《饮冰室合集·经世文新编序》。

事偷安，宪典具在，决不宽贷。"[1]

二、法以国情为依托

立法须从实际国情出发，这是历史唯物论的要求。只有如此，法律才具有针对性和有效的调整功能，脱离国情的立法不过是飘在空中的纸片而已。中国古代是一个以农立国、疆域辽阔、统一的多民族国家，遵依国情立法不仅反应在立法的内容上，而且成为中国古代法律发展的传统。

以农立国的立法，是中国古代立法的重要内容，历代有关土地立法、水利立法、厩牧立法、农时立法以及天文历法都是与农业相关的立法内容。

除此之外，辽阔的疆域使得中国古代的政治、经济、文化发展极不平衡，以至统一的朝廷立法不可能涵盖差别极大的广大疆域，因而需要中央立法与地方立法相辅相成、互为补充。限于文献记载，清以前的地方政权立法已多不可考，只有清朝保留下来了以省为单位的地方立法——省例。省例仅限通行于一省，而且须详明朝廷两院，或咨准部覆，方许颁行。与中央立法相抵触者无效。因此有清一代省例之类的地方立法并未遍及全国，只有江苏、广东、福建、湖南、河南、直隶、四川、山东、山西、安徽、浙江、江西等省制定了省例或其他形式的地方法规。凡涉及一省行政、民事、刑事、经济、文教、司法、风俗者，为综合性省例，如《江苏

---

[1]《光绪朝东华录》。

省例》《江苏省例续编》《江苏省例三编》《江苏省例四编》
《福建省例》《福建省例·续·再续》《治浙成规》《直隶通
饬章程》《广东省例》《粤东省例》《粤东省例新纂》《湖南
省例成案》《湖南省例》《豫省省例》《西江政要》等。凡涉
及工程、诉讼、科考、任职、交代等本省单一事项者，为专
门性省例，如《豫东稽核帮价章程》《直隶清讼章程》《河南
文闱章程》《江西州县委署章程》《山东交代章程》等。

　　省例中，有关行政管理事务者居多，涉及公式、交代、
官员任职、考核与俸禄等。如《福建省例》有关公文使用的
规定，《粤东省例》有关官吏任职与考核的规定。各地省例
中还多有整顿风俗的内容。如《江苏省例》明确查禁《水
浒》等小说，[1] 禁止开设戏馆等。由于各省地方立法散漫，
援用不便，因此乾隆初年有编纂刻印省例之举。

　　还须指出，中国从秦朝起便形成了统一的多民族国家。
汉唐时期，朝廷为了调整边疆民族关系便已进行了必要的民
族立法，但史书记载语焉不详，只有清朝保留了大量的民族
立法。

　　清朝是以满族为主体的政权，统一中国以后，积极开展
边疆地区的民族立法。康熙《大清会典》有云："国家之待
外藩，立制分条，期其宽简，以靖边徼。"[2]《大清会典·
乾隆朝》亦云："国家控驭藩服，仁尽义至。爰按蒙古土俗，

---

[1] 《江苏省例·藩政》。
[2] 《大清会典·康熙朝》。

酌定律例。"〔1〕有清一代制定了数量众多的调整民族关系与管理少数民族地区事务的专门法律。如《理藩院则例》《回疆则例》《西藏章程》《青海西宁番夷成例》以及苗疆立法等，覆盖了蒙古、新疆、西藏、青海、东北以及西南苗疆少数民族地区。民族立法的内容繁简不一，但总的说来不外行政、民事、刑事、经济、军事、司法、宗教等内容，形成了比较完备的民族法律体系。其中，以《理藩院则例》为代表。《理藩院则例》是以《蒙古律例》为基础，以蒙古族为主要对象的立法。早在乾隆二十年（1755年）已经制定了《理藩院则例》，但非定本。乾隆五十四年（1789年），由于平定准噶尔部以及土尔扈特部回归，整个厄鲁特蒙古编旗建制，原有律例已不适用，故而重加修订。乾隆五十八年（1793年）《理藩院则例》体系庞大、律条繁多，适用地区更广。嘉庆、道光年间，多次纂修，使得《理藩院则例》不断充实。晚清官制改革时，理藩院改为理藩部，编定《理藩部则例》，直到民国时期仍部分适用。

特别值得提出的是清朝民族立法采取"因俗而治"的原则，"修其教不易其俗，齐其政不易其宜，旷然更始而不惊，靡然向风而自化"〔2〕，这项原则充分体现在各项民族立法的具体规定中，深受少数民族的欢迎。民族立法还有其特定的程序，一般由民族事务最高管理机关理藩院负责，理藩院直

---

〔1〕《大清会典·乾隆朝》。

〔2〕《皇朝藩部要略》序。

接向皇帝奏报立法的缘由，经皇帝批准后负责立法。由于民族事务管理机关直接负责民族立法，针对性更强，更符合民族的风俗习惯以及朝廷的政策，成为一种有效的立法机制。

三、重视养民利民的民生立法

中国古代统治者从"民惟邦本，本固邦宁"的战略出发，使立法尽可能地体现民众的基本利益和要求。

国之本在民，民是构成国家的最基本的要素，无民何以为国？古人对此多有论述。汉兴之时，贾谊从总结秦亡的教训中提出了国以民为本的命题，他说"闻之于政也，民无不为本也。国以为本，君以为本，吏以为本……此之谓民无不为本也。"[1] 后世开明之君和贤良之士对此也多有论述。王符说："国之所以为国者，以有民也。"[2] 朱熹在给《孟子》"民为贵，社稷次之"作注时进一步阐发说："国以民为本，社稷亦为民而立。"[3]

民之所以成为国家的构成要素和最重要的实体，就在于民是社会物质生产的承担者，社会由此得以延续和发展，国家由此得以存在，政治和思想上层建筑由此得以确立。正因为如此，"得民者昌，失民者亡"成为历代兴亡的根本原因。而养民、利民、富民，也就成为立法的重要宗旨。

养民利民，首要的是尽可能满足民众对于谋生手段——

[1] （西汉）贾谊：《新书·大政》。
[2] （东汉）王符：《潜夫论·爱日》。
[3] （南宋）朱熹：《四书章句·孟子集注》。

土地的需求。这是以农立国得以存在和发展的最基础的条件。

民既为邦之本，因此如何使本固，继而达到邦宁，是历代统治者所关注的焦点之一。历代统治者制定了一系列有利民生的立法：从"普天之下莫非王土"，到鲁宣公十五年（公元前594年）"初税亩"，再到李悝"尽地力之教"和商鞅"开阡陌封疆"令，都是先秦有关土地的立法。汉初为了抑制土地兼并，董仲舒首倡"限民名田，以澹不足"〔1〕的主张，汉统治者也屡颁"限田"和"抑兼并"的诏令。汉以后，土地立法进一步规范化，成为中国古代法律体系的核心内容。最具代表性的是北朝以来至隋唐进一步制度化的、法律化的"均田法"。根据唐《均田令》的规定，以农民为主体，社会各色人等都取得了土地的所有权。武德七年（624年）颁布均田令如下："诸丁男、中男给田一顷，笃疾、废疾给四十亩，寡妻妾三十亩，若为户者加二十亩。所授之田，十分之二为世业，八为口分。世业之田，身死则承户者便授之，口分则收入官，更以给人。狭乡授田，减宽乡之半，其地有薄厚，岁一易者，倍授之。宽乡三易者，不倍授。"〔2〕

至开元二十五年（737年），根据推行均田的经验，进一步修订颁行均田令："诸丁男给永业田二十亩，口分田八十亩，其中男年十八以上亦依丁男给。老男、笃疾、废疾、各给口分田四十亩，寡妻妾各给口分田三十亩。先有永业者，通充口分

---

〔1〕《汉书·食货志上》。
〔2〕［日］仁井田陞：《唐令拾遗》，栗劲等编译，长春出版社1989年版，第540页。

之数。黄、小、中、丁男女及老男、笃疾、废疾、寡妻妾当户者，各给永业田二十亩，口分田二十亩。应给宽乡，并依所定数。若狭乡新受者，减宽乡口分之半。其给口分田者，易田则倍给（宽乡三易以上者，仍依乡法易给)。"[1] 永业田可以传子孙，"不在收授之限，即子孙犯除名者，所承之地亦不追"。口分田，本人死后还官。州县内"受田悉足者为宽乡，不足者为狭乡"。

均田法是一项伟大的创造，充分显示了它的价值和积极作用。

作为以农业立国的国家，土地是最重要的生产资料，根据《均田令》，由国家将土地分配给农民，使广大农民及其他诸色人等获得了相对稳定的谋生手段，从根本上解决了民生问题。

《均田令》所达到的积极效果是均富，农民不仅获得口分田，而且还获得了永业田，从而刺激了他们精心经营土地的积极性，使丰产获得保障，在此基础上达到富足。

均田法的实施确实达到了养民、利民的效果，史书说"商旅野次，无复盗贼，囹圄常空，马牛布野，外户不闭。又频致丰稔，米斗三四钱。行旅自京师至于岭表，自山东至于沧海，皆不赍粮，取给于路。入山东村落，行客经过者，必厚加供待，或发时有赠遗……"[2] 史书的记载难免有溢

---

[1] [日] 仁井田陞：《唐令拾遗》，栗劲等编译，长春出版社 1989 年版，第542页。

[2] （唐）吴兢：《贞观政要·政体》。

美之词，但从中可以看到百姓的富足、社会的和谐与安定，以及"天下帖然""人人自安"[1]的盛世。

由于民富，唐朝的府库充盈、边疆巩固、国力强盛，无论典章制度、文化艺术都达到了成熟形态，其影响远播海外，成为世界上最著名的强盛国家。历史雄辩地说明了只有养民、利民才能国强，只有藏富于民才是国家固本之策。清初，唐甄特别论证了藏富于民的重要性，他说："夫富在编户，不在府库。若编户空虚，虽府库之财积如丘山，实为贫国，不可以为国矣。"[2]

以上可见，田土均之的法令取得了民富国强的效果，贞观之治、开元之治都源于均田法的实施。安史之乱以后，藩镇割据、战乱频仍，均田制遭到严重破坏，民生凋敝，唐朝随之走上了下坡路。这从另一面证明了养民、利民、富民，则民安国强。战国时慎子说得好："善为国者，移谋身之心而谋国，移富国之术而富民，移保子孙之志而保治，移求爵禄之意而求义，则不劳而化理成矣。"[3]

历代为了增加土地亩数，鼓励无地的农民开垦荒田。以清朝为例，自顺治入关以后，迄至康乾两朝，多次颁发《垦荒令》，所垦荒田不仅归农民所有，而且六年不收租税。垦荒令的实施以及政策的倾斜，使得四川、广西、云南、贵州四省，由"田亩抛荒，不堪见闻"，转向"人民渐增，开垦

---

〔1〕（唐）吴兢：《贞观政要·奢纵》。
〔2〕（清）唐甄：《潜书·存言》。
〔3〕《慎子·逸文》。

无遗"〔1〕。由于新开垦之田归己，自耕农人数大为增加。据《霍山县志》卷二《风土》记载：乾隆时"中人以下咸自食其力，薄田数十亩，往往子孙守之，佃田而耕者仅二三"。

官吏如在辖区内土地荒芜，水利不修，滥伐树木，隐匿灾情，依例治罪。以唐律为例，"诸部内，有旱、涝、霜、雹、虫、蝗为害之处，主司应言不言，及妄言者，杖七十"（《户婚》）；"诸部内田畴荒芜者，以十分论，一分笞三十，一分加一等，罪止徒一年。户主犯者，亦计所在荒、芜，五分论，一分笞三十，一分加一等"（《户婚》）；"诸不修堤防，及修而失时者，主司杖七十。毁害人家，漂失财物者，坐赃论，减五等……"（《杂律》）；"诸失火及非时烧田野者笞五十……"（《杂律》）；"诸弃毁官私器物及毁伐树太、庄稼者，准盗论"（《杂律》）。

除此之外，法律还保护与农业生产密切相关的生态环境与自然资源。《逸周书·大聚解》记载："禹之禁，春三月，山林不登斧斤，以成草木之长；夏三月，川泽不入网罟，以成鱼鳖之长。"西周颁布的《伐崇令》也规定："毋坏屋，毋填井，毋伐树木，毋动六畜。有不如令者，死无赦。"如果说《逸周书》和《伐崇令》尚有后人的追述，那么《睡虎地秦墓竹简》则提供了实证。《秦律十八种·田律》规定："春二月，毋敢伐材木山林及雍（壅）限水。不夏月，毋敢夜草为灰，取生荔、麛鷇（卵）鷇，毋□□□□□毒鱼鳖，置

---

〔1〕《清圣祖实录》卷二四九。

窂罔（网），到七月而纵之。"〔1〕 其意就是：春天二月，不准到山林伐木，不准堵塞水道。不到夏季，不准烧草为肥料，不准探取刚发芽的植物，或捉取野兽、鸟卵和幼鸟，不准毒杀鱼鳖，不准设置捕捉鸟兽的陷阱和网罟，到七月解除禁令。

四、改制与更法相向而行

在中国历史上，曾经进行过多次经济体制改革和政治体制改革，凡是成功的改革，都是立法与改革相向而行的。法不仅是改革的引领、改革的动力，也是改革的内容之一。战国时期商鞅变法，就是具有典型意义的史例。

商鞅，卫国人，原姓公孙，因在秦变法有功，封于商，故称商鞅。商鞅"少好刑名之学"〔2〕，曾经师从李悝。公元前361年，秦孝公即位以后，锐意强秦，下令求贤。商鞅遂持《法经》入秦，以"强国之术"说秦孝公，得到秦孝公的信任和支持，推行改革。

商鞅变法的主要内容如下：

第一，废井田，开阡陌，民得买卖，从法律上确认新的土地所有制和土地买卖的合法性。为了发展封建性的农业经济，保障国家的财源、兵源，凡"僇（努）力本业，耕织致粟帛多者，复其身（即免除徭役）；事末利及怠而贫者，举以为收

---

〔1〕 睡虎地秦墓竹简整理小组编：《睡虎地秦墓竹简》，文物出版社1990年版，第20页。

〔2〕 《史记·商君列传》。

孥（官奴隶）"[1]；"民有二男以上不分异者，倍其赋"[2]。

第二，"宗室非有军功论，不得为属籍"，"有军功者，各以率受上爵"[3]，进一步废除了贵族的世卿制度，促进了官僚制度的形成。为了奖励军功，特别制定了《军爵律》，军功爵从公士到彻侯共分二十级，各有与之相适应的权利。《史记·商君列传》说：商鞅相秦，令"有军功者，各以率受上爵"，"明尊卑爵秩等级，各以差次，名田宅，臣妾衣服以家次"。"男子赐爵，一级以上，有罪以减"，庶民则"有罪各尽其刑"[4]。如果超过了法定的等级界限，便以淫侈逾制定罪。

第三，按什伍组织编定居民户籍，使之互相负连带责任。"凡告奸者与斩敌首同赏，匿奸者与降敌同罚。"[5]

商鞅富国强兵的改革之所以取得成功，得力于他以法为治，充分发挥法律的效能。比如，他颁布《开阡陌封疆令》，以保障废井田、开阡陌的经济体制改革。他奖励首功，打击了不劳而获的旧贵族，激发了广大战士奋勇争先。

他以法打击了以太子为首的反对改革的守旧派，太子不能加刑，但刑其师傅，对于以身试法的太子师傅公孙贾处以黥刑，公子虔处以劓刑。所谓"法及太子，黥鼻其傅"[6]。

他提倡法必信，以赏信罚必树立法律的权威。他坚持吏

---

[1]《史记·商君列传》。
[2]《史记·商君列传》。
[3]《史记·商君列传》。
[4]（东汉）卫宏：《汉旧仪》。
[5]《史记·商君列传》。
[6]《战国策·秦策一》。

民皆应知法，重视法律宣传，以致"妇人、婴儿皆言商君之法"[1]，"故天下之吏民，无不知法者，吏明知民知法令也。故吏不敢以非法遇民，民不敢犯法以干法官也"[2]，"于是法大用，秦人治"[3]。

作为法家代表人物和实践家的商鞅不仅善于运用法律为改革开辟道路、扫除障碍，还善于运用法律巩固改革的成果。尽管商鞅作为变法的殉道者，但他身死之后，秦法未败。

由于商鞅变法顺应了历史潮流，因此，改制之始，"百姓苦之，居三年，百姓便之"[4]。宋人王安石曾公正地评价商鞅变法，他说："自古驱民在信诚，一言为重百金轻，今人未可非商鞅，商鞅能令政必行。"[5]

商鞅变法虽然在时间上迟于东方各国，但却吸取了东方各国变法的经验，因此实行得比较彻底。经过变法使秦由一个政治经济落后的国家，一跃而为当时最强盛的国家，并为以后统一六国奠定了重要的基础。

五、法贵简而能行

针对隋末法令滋彰，人难尽悉之弊，从高祖李渊起便强调立法要简约，使人易知。他曾指示修律大臣说："本设法

---

〔1〕 《战国策·秦策一》。
〔2〕 《商君书·定分》。
〔3〕 《史记·秦本纪》。
〔4〕 《史记·秦本纪》。
〔5〕 （北宋）王安石：《临川集·律诗》。

令，使人共解，而往代相承，多为隐语，执法之官，缘此舞弄，宜更刊定，务使易知。"[1] 太宗时，进一步强调法条简约易知，保持稳定的重要性。他说："国家法令，惟须简约，不可一罪作数种条，格式既多，官人不能尽记，更生奸诈。若欲出罪，即引轻条；若欲入罪，即引重条。"[2] 他命令长孙无忌、房玄龄及其他修律官要对高祖颁行的《武德律》，"更加厘改……斟酌今古，除烦去弊"[3]。在他主持下制定的《贞观律》，确实是封建法典中较为简约宽平、明白易知的。此外，还于贞观十一年（637年）正月，删去武德以来"敕三千余条，为七百条，以为格"[4]。

太宗以后，颇有贞观遗风的高宗李治在永徽二年（651年）九月《颁行新律诏》中，明白晓示：《新律》所遵循的原则是："画一之制，简而易从；约法之章，疏而不漏。"[5] 作为唐代具有代表性的法典《永徽律》，称得上是"捐彼凝脂，敦兹简要"[6]。

六、法者民之命也，立法不可不慎

商鞅说"法令者，民之命也，为治之本也"[7]，唐魏征

〔1〕《旧唐书·刘文静传》。
〔2〕（唐）吴兢：《贞观政要·赦令》。
〔3〕《旧唐书·刑法志》。
〔4〕《新唐书·刑法志》。
〔5〕《全唐文·高宗一》。
〔6〕《全唐文·长孙无忌》。
〔7〕《商君书·定分》。

说"法，国之权衡也，时之准绳也"[1]，正因为如此，历代统治者十分重视立法，有时皇帝亲自修改所立之法。

例如，北魏孝文帝鉴于"律令不具，奸吏用法，致有轻重"[2]，不仅多次修律，而且亲自执笔定拟，史书说："孝文用夏变俗，其于律令，至躬自下笔，凡有疑义，亲临决之，后世称焉。"[3] 孝文帝还积极吸收汉族先进法文化，提出了"营国之本，礼教为先"[4]，"法为治要"[5]的礼法并用的治国方略。

唐太宗曾经说："发号施令，若汗出于体，一出而不复也。《书》曰：'慎乃出令，令出惟行，弗为反。'且汉祖日不暇给，萧何起于小吏，制法之后，犹称画一。今宜详思此义，不可轻出诏令，必须审定，以为永式。"他还指出法律应保持稳定，不可数变，他曾对侍臣说"诏令格式，若不常定，则人心多惑，奸诈益生。"在这种思想的指导下，"自房玄龄等更定律、令、格、式，讫太宗世，用之无所变更"[6]。高宗时制定的《永徽律》中更从程序上严格规定："诸称律令式，不便于事者，皆须申尚书省议定奏闻。若不申议，辄奏改行者，徒二年。"[7]

---

〔1〕 （唐）吴兢：《贞观政要·公平》。
〔2〕 《魏书·刑罚志》。
〔3〕 程树德：《九朝律考·后魏律考序》。
〔4〕 《魏书·任城王云传》。
〔5〕 《魏书·高祖纪》。
〔6〕 《新唐书·刑法志》。
〔7〕 《唐律疏议·职制》。

以朱元璋为代表的明朝统治者，十分注意总结历代，特别是宋朝加强重视法制的历史经验，把法律看做是"辅治之术"[1]，强调只有法立才能"人志定、上下安"，"建国之初，此为先务"[2]。因此全国统一后，便命刘惟谦、胡惟庸等人及时制定《大明律》，创建明一代法制的基础。为了谨慎立法，他在洪武元年（1368 年）在着手制定通行全国的大明律时，曾"命儒臣四人，同刑官讲唐律，日进二十条"[3]，反映了他对立法的重视。

七、立法以司法经验为基础，使个别调整上升为一般调整

最早的皋陶造律就是源于皋陶为司法官，他从司法经验中总结常见的犯罪事实，将审理的经验上升为法律。在这方面，《大清律例》条例的修订最具有说服力。乾隆五年（1740 年），《大清律例》修订以后，律文不再修改，而以增补附例弥补律文的不足。新增的条例多半由各省督抚根据司法实践经验向刑部提出增为条例的意见，刑部认同后进行立法程序，报皇帝批准遂成为条例。例如：

《大清律例·刑律·盗内府财物》所附条例"凡偷窃大内及圆明园、避暑山庄、静寄山庄、清漪园、静明园、静宜园、西苑、南苑等处乘舆服物者，照律不分首、从，拟斩立

---

[1] 《明太祖宝训·守法》。
[2] 《明太祖宝训·经国》。
[3] 《明史·刑法志一》。

决。至偷窃各省行宫乘舆服物，为首者，拟绞监候；为从者，发云、贵、两广极边烟瘴充军。其偷窃行宫内该班官员人等财物，仍照偷窃衙署例问拟。若遇翠华临幸之时，有犯偷窃行宫物件者，仍依偷窃大内服物例治罪"。据薛允升考证此条例"系嘉庆四年（1799年）直隶总督胡季堂审奏贼犯张猛、宋泳德偷窃济尔哈郎图行宫内簾刷等物，钦奉上谕，纂辑为例"。

《大清律例·刑律·强盗》所附条例"满洲旗人有犯盗劫之案，俱照强盗本律定拟，不得以情有可原声请"。据薛允升考证此条例"系乾隆三十五年（1770年）刑部题覆盛京刑部侍郎朝铨等审拟西爂旗人齐了其等行劫花义相家一案，奉旨纂定为例"。

《大清律例·刑律·贼盗》所附条例"凡奴仆、雇工人强劫家长财物，及勾引外人同劫家长财物者，悉照凡人强盗律定拟。其有杀伤家长者，仍依律从重论"。据薛允升考证此条例"系乾隆十九年（1754年）刑部议覆河南按察使沈廷芳条奏定例"。

《大清律例·刑律·略人略卖人》所附条例"贵州、云南、四川地方民人，诱拐本地子、女在本省售卖，审无沟通外省流棍情事，仍照诱拐妇人、子、女本例，分别定拟。如捆绑本地子女在本地售卖，为首，拟斩监候；为从，近边充军"。据薛允升考证此条例"系乾隆六年（1741年）云贵总督张允随题者租等捆卖者业一案，附请是例，乾隆八年（1743年）改定"。

《大清律例·刑律·杀一家三人》所附条例"杀一家非死罪三四命以上者，凶犯依律凌迟处死。不拘死者之家，是否绝嗣，凶犯之子除同谋加功，及有别项情罪者，仍照本律定拟外，其实无同谋、加功者，凶犯之子，年在十六岁以上，改发极边足四千里安置；年在十五岁以下，与凶犯之妻、女，俱改发附近充军地方安置"。据薛允升考证此条例"原系二条：一、系乾隆二十九年（1764 年）刑部议准定例，三十二年（1767 年）修改。一、系乾隆四十一年（1776 年）山东巡抚杨景素审奏高唐州民王之彬挟嫌杀死董长海及王三麻子等一家六命，致令绝嗣一案，钦奉谕旨酌定条例。四十四年（1779 年）、五十二年（1787 年）修改，五十五年（1790 年）删并。（乾隆）五十八年（1793 年）、嘉庆四年（1799 年）、（嘉庆）二十二年（1817 年）修改，道光八年（1828 年）改定"。

从上述程序中可以看出条例的基础是司法案例，刑部在拟定条例时是充满严肃性的，最后经皇帝钦准又显示了条例的权威性，这个程序充分反映了由具体调整到一般调整的立法发展规律，显示了封建国家后期立法技术的成熟。

我国在民主革命时期，许多立法是群众运动经验的法律化。比如《婚姻法》是破除封建婚姻制度的妇女运动的成果，《土地法》是农民反封建土地革命运动的结果，《肃反条例》是广大民众镇压反革命群众运动的结果。历史和现实的经验证明，立法应以成熟的经验为基础，不宜急于求成，更不能简单拿来、照抄照搬。在这方面，晚清采取简单化的

"拿来西法"的做法和新中国成立初期"一面倒"学习苏联都应引以为戒。

总括上述，中国古代所总结的立法原则基本体现了立法所具有的科学性。至于《唐律疏议》中关于引律释律。如，"诸断罪无正条，其应重罪者，则举重以明轻"。疏议曰："断罪无正条者，一部律内，犯无罪名，'其应出罪者'，依《贼盗律》：'夜无故入人家，主人登时杀者，毋论。'假有折伤，灼然不坐。"也颇有以法立法的味道。在习近平总书记强调"推进科学立法"，"完善以宪法为统帅的中国特色社会主义法律体系"的时候，从传统立法史中，检索行之有效的立法原则，以期能够发挥鉴古明今的镜鉴意义。

论中国古代的司法镜鉴

习近平总书记提出："公正司法是维护社会公平正义的最后一道防线"，"坚持公正司法……要努力让人民群众在每一个司法案件中都感受到公平正义"，"要优化司法职权配置，规范司法行为，加大司法公开力度，回应人民群众对司法公正公开的关注和期待。要确保审判机关、检察机关依法独立公正行使审判权、检察权。这是我们党和国家的一贯主张，党的十八大继续强调了这一点。司法不能受权力干扰，不能受金钱、人情、关系干扰，防范这些干扰要有制度保障。"[1]"深化司法体制改革，一个重要目的是提高司法公信力，让司法真正发挥维护社会公平正义最后一道防线的作用。要从确保依法独立公正行使审判权检察权、健全司法权力运行机制、完善人权司法保障制度三个方面，着力解决影响司法公正、制约司法能力

---

〔1〕《在十八届中央政治局第四次集体学习时的讲话》（2013年2月23日）。

的深层次问题，破解体制性、机制性、保障性障碍。"[1]习近平总书记在党的十九大报告中进一步强调："深化司法体制综合配套改革，全面落实司法责任制，努力让人民群众在每一个司法案件中感受到公平正义。"[2]

中国是世界著名的法制文明古国，有着五千年有文字可考的历史，而且在漫长的发展过程中始终不曾中断。作为法制历史核心部分的司法制度史，无论理论基础、制度建构、实践价值和经验积累，都达到了极高的水准，在世界司法制度史上长时期独领风骚，这和中华法文化底蕴的深厚、国力的强盛、先哲人才的辈出是密不可分的。本文总结概括了中国古代司法实践十个方面的成功并略加阐述，以期鉴古明今，为当前的司法改革服务，提供司法文化方面的资料。

一、公平公正，中国古代司法的价值取向

在先秦的文献中，以"中"来比喻司法的公平与公正。周初伟大的政治家、思想家周公总结殷亡于"重刑辟"的教训，提出"明德慎罚"的国策，就是不得"滥罚无罪，杀无辜"。他还举出司寇苏公，作为执法得中的榜样："司寇苏公，式敬尔由狱，以长我王国，兹式有慎，以列用中罚。"[3]所谓中罚，《尚书正义》解释说："列用中常之罚，

---

[1]《在中央政法工作会议上的讲话》（2014年1月7日）。
[2]《在中国共产党第十九次全国代表大会上的报告》（2017年10月18日）。
[3]《尚书·立政》。

不轻不重，当如苏公所行也。"

孔子不仅提出兴礼乐为刑罚得中的主宰，还指出刑罚不中的社会危害，他说："礼乐不兴，则刑罚不中，刑罚不中，则民无所措手足。"[1] 民手足无措，必然招致社会的动荡不安。

荀子《王制篇》以"公平"为"职之衡也"，"中和"为"听之绳也"，即以公平来衡量官吏的职守，以中和作为司法的准绳。

汉武帝时，董仲舒还运用阴阳五行之说，阐明刑罚不中所带来的后果："刑罚不中，则生邪气，邪气积于下，怨恶蓄于上，上下不和，则阴阳缪盭而妖孽生矣，此灾异所缘而起也。"[2] 汉宣帝元康二年（公元前 64 年）五月诏书中，一方面指出司法的重要与良吏执法的价值，所谓"狱者万民之命，所以禁暴止邪，养育群生也，能使生者不怨，死者不恨，则可谓文吏矣"。另一方面谴责贪酷之吏任意用法造成的危害："今则不然，用法或持巧心，析律贰端，深浅不平，增辞饰非，以成其罪。"[3]

唐高宗时，为了确保公正司法，建立三司推事作为权力制衡的机制。据《唐会要·诸使杂录上》记载："有大狱，即命中丞、刑部侍郎、大理卿鞫之，谓之大三司使；又以刑

[1] 《论语·子路》。
[2] 《汉书·董仲舒传》。
[3] 《汉书·宣帝纪》。

部员外郎、御史、大理寺官为之，以决疑狱，谓之三司使。"〔1〕 三司推事一则在司法机关系统中建立了互相制衡的机制，再则发挥监察机关司法监察的作用。唐朝实行的三司推事，为公正司法提供了一重制度保障，对后世深有影响。明清时期的会审制度即导源于此。

由于公平公正是司法最重要的价值取向，也是司法官为官的第一要义，因此，要求司法官"去私曲，就公法"，以使"民安而国治"。为了保证程序公正，还实行司法官回避制度。《唐六典·刑部》规定："凡鞫狱官与被鞫人有亲属仇嫌者，皆听更之。"〔2〕 唐以后审讯回避的规定更为具体，据《大清律例·听讼回避》条："凡官吏于诉讼人内关有服亲及婚姻之家，若受业师及旧有仇嫌之人并听移文回避，违者笞四十。若罪有增减者以故出入人罪论。"〔3〕

二、依法断罪的制度化与法律化

早在战国时期，法家都是主张"一断于法"的；儒家同样主张以法为准绳，只不过强调以礼乐为主宰。

汉宣帝时，涿郡太守郑昌便提出："律令一定，愚民知所辟，奸吏无所弄矣"〔4〕，并把这看作"正本"之举，可以避免司法之官擅断。东汉思想家桓谭鉴于"法令决事轻重不

---

〔1〕《唐会要·诸使中》。
〔2〕《唐六典·尚书刑部》。
〔3〕《大清律例·刑律·诉讼之一》。
〔4〕《汉书·刑法志》。

齐，或一事殊法，同罪异论……刑开二门"，认为"可令通义理，明习法律者，校定科比，一其法度，班下郡国，蠲除故条。如此天下方知，而狱无冤滥矣"[1]。

至晋代，三公尚书刘颂针对"法渐多门，令甚不一"的弊病，提出了具有跨时代意义的司法改革意见。其一，主张"君臣之分，各有所司"，"监司以法举罪，狱官案劾尽实，法吏据辞守文"。他告诫皇帝也不要随意干涉司法，而应使执法者恪尽职守。其二，强调法律颁布以后，皇帝必须信守于天下，不得肆意更改。他说："人君所与天下共者，法也。已令四海，不可以不信为教。方求天下之不慢，不可绳以不信之法。"其三，为了做到援法断罪，他强调："律法断罪，皆当以律令正文。若无正文，依附名例断之。其正文名例所不及，皆勿论。"[2] 刘颂关于援法断罪的思想，是汉以来封建法制思想的继承和发展。刘颂多年司法管理工作也使他能够在经验的基础上作出更加明确的理论概括，并使之上升为法律。

刘颂的主张与17~18世纪西方资产阶级提出的"法无明文规定不为罪"相比，在基本原则上具有一致性，早于西方一千多年。

由于晋律已佚，刘颂的主张是否法律化已不得而知，但北周、隋唐律中有关援法断罪的明确规定，不仅说明其思想影响的深远，同时也反证其主张已纳入晋律。如北周宣帝在

---

[1] 《后汉书·桓谭传》。
[2] 《晋书·刑法志》。

宣下州郡的"诏制九条"中，其中"一曰决狱科罪，皆准律文……三曰以杖决罚，悉令依法"[1]。

隋初开皇五年（585年），文帝针对一件诬陷反坐案明令司法官断狱时具写律文，说："人命之重，悬在律文，刊定科条，俾令易晓。分官命职，恒选循吏，小大之狱，理无疑舛。而因袭往代，别置律官，报判之人，推其为首。杀生之柄，常委小人，刑罚所以未清，威福所以妄作，为政之失，莫大于斯。其大理律博士、尚书刑部曹明法、州县律生，并可停废。""自是诸曹决事，皆令具写律文断之"[2]。

至唐朝，更将具引律令作为司法官必须履行的一项法律责任。唐律规定："诸断罪，皆须具引律令格式正文。违者，笞三十。"[3] 这条规定可以说是中国封建时代援法断罪、罪刑法定的最简明、最典型的概括。它标志着中国古代刑法的发展和司法活动的规范化，既反映了法律所具有的权威，又严肃了司法官的司法责任，维护了法制秩序。《唐律疏议·断狱》虽然也明载"事有时宜，故人主权断"，但是"制敕量条处分，不为永格者，不得引为后比"[4]，这对于人主权断的无限适用未尝不是一种限制。

宋朝是一个重视法制的朝代，宋太祖以法律为"理国之准绳，御世之衔勒"，要求"食禄居官之士"皆为"亲民决

---

[1]《周书·宣帝纪》。
[2]《隋书·刑法志》。
[3]《唐律疏议·断狱》。
[4]《唐律疏议·断狱》。

狱之人"。在援法断罪方面，《宋刑统》完全继承了唐律援法
而治的精神与规定，并根据社会的发展在制度上有所补充。
宋朝在刑事审理中实行的鞫谳分司就是明显的例证，由司理
参军专管狱讼勘鞫，成为"鞫司"；由司法参军专掌"检法
断刑"，成为"谳司"。在司法机关中设专官负责"检法断
刑"以确保罚当其罪，这是宋朝的一项创举。宋朝在中央司
法机关中也设有专门检法官，负责检详法条，目的都在于准
确地适用法律，提高司法效能。

明清两朝基本沿袭唐制，只是略有增减而已。依法断罪
是古代司法文明的一大亮点，具有重要的史鉴价值。

三、法、理、情三者统一的司法考量

法，指国家的制定法，它是司法的主要依据。先秦时期
的法律渊源主要是刑、誓、命。秦汉时期的法律渊源主要是
律、令、科、比。至唐朝，发展为律、令、格、式、典、敕、
例七种。两宋时期，除正律外还有敕、令、条法。明清时期，
以律、例为主，也包括则例、会典、敕谕等。可见，中国古
代形成了悠久的制定法传统。随着法律的儒家化和司法经验
的积累，在司法中法、理、情三者统一是司法官断罪量刑的
重要考量。

理，主要指理由、道理、事理、理法，它具有普遍性的
世俗规则的性质，因此司法审判中也要循理，不得悖理。至
宋朝，理学家们又将宇宙万物之"极则"的"天理"与体现
世俗规则的"理"相附会，并以之主宰司法，所谓"良法秉

天理而定，司法秉天理而行"。

情，主要指情感、人情、情理，《礼记·礼运》说："何谓人情？喜、怒、哀、惧、爱、恶、欲，七者弗学而能。"[1] 这说明，人情是人类带有共同性的特征，即通常所说的"人之常情"。在中国古代，人情以深厚的血缘伦理亲情为基础，具有伦理性，而亲情又是具有社会性的，是社会关系在家庭（族）间的具体化。因此，人情也要从社会大视野的角度去认识和掌握，要把亲情扩大为世情。不从血缘伦理亲情着眼去考察人情，便脱离了宗法社会的本体；而仅仅从伦理血缘亲情着眼，又妨碍了揭示人情的社会本质。总之，人情具有伦理性、社会性、时代性，它不是个人的爱恶或少数人的趋向，而是公认的爱恶和社会绝大多数成员的趋向。人情的标准因时代、阶级、阶层而异，但也有共性，那就是人性在正常状态下的反映。《名公书判清明集》中出现的"情"，除人情外，有的也借以表达根据案情准情酌理，前者如"酌情据法，以平其事，则无厌之讼炽矣"，后者如"今揆之天理，决不可容，金厅所拟，已尽情理"[2]。

从汉朝起，礼主刑辅已成为国家法制的指导原则，纲常之礼被视为最重要的道理。至宋代，纲常之礼被渲染为"天理"，纲常入律使得天理与国法相通，从而增加了法的权威性。南宋时人真德秀阐述了天理与国法的关系，说："是非之不可易者也，天理也；轻重之不可逾者，国法也。以是为

---

〔1〕《礼记·礼运》。
〔2〕《名公书判清明集·出继子破家不可归宗》。

非，以非为是，则逆乎天理矣！以轻为重，以重为轻，则违乎国法矣！居官临民，而逆天理，于心安乎？雷霆鬼神之诛，金科玉条之禁，其可忽乎？"显而易见，真德秀的天理国法观是务实的，是立足于司法实际的，是对于居官临民的具体要求。坚持是非就是坚持天理，这样的天理非常具体，它同国法的关系也更加相合。

明清时期，随着科学技术文化的进步，天理影响的空间缩小了，但天理的法律化却进一步加强。天理愈是法律化，政治与伦理愈协调，君权、父权、族权愈膨胀，个人的法律意识与权利观念愈淡薄。宋以后，中国法律历史就是沿着这样的轨迹发展的。

关于国法与人情的关系。首先，二者具有一致性，纲常同以血缘、伦理、亲情为内涵的人情是完全相符的。法顺人情，赋予法律一种中庸平和的亲切感，使法贴近生活，凸显古代法律"仁"的基调。执法以顺人情，不仅给国法增添了伦理色彩，还获得了社会舆论的支持，因而对判决的执行更具有广泛的约束力。因此，古代法官司法时最为常见的情形便是"上不违于法意，下不拂于人情"。

其次，二者也存在着冲突，人情所反映的亲情义务与法律规定所反映的国家义务之间存在着不同的要求。中国古代虽然宣传国之本在家，但如家族私利影响国家利益，家法干扰国法，家族成员犯上作乱，则一律依法严惩，以示国重于家，君高于父。法律要求所有社会成员恪守国法，一体承担国家义务，迫使庶民接受赋敛征发，并以强制的制裁为后盾。

不仅苛法违背人情，就是在一般情况下，国法与人情也存在着不同的侧重面。要求不同，规范目的不同，制裁方式不同，从而构成了二者冲突的客观基础。南宋著名司法官胡石壁对于法与情的关系作了精辟的论述："法意、人情实同一体，徇人情而违法意，不可也；守法意而拂人情，亦不可也。权衡于二者之间，使上不违于法意，下不拂于人情，则通行而无弊矣。"[1]

明清时期，县衙大堂一般都悬有匾额，上书"天理国法人情"，表示案件的审理既要顺应天理，又要遵守国法、合乎人情。河南内乡县衙是目前全国保存最好的一座古代县衙，大堂、二堂、三堂为县衙中轴线上的三大主体建筑，其中尤以大堂最为壮观，其上方悬挂"内乡县正堂"匾额，堂前黑漆柱子上楹联曰"欺人如欺天毋自欺也；负民即负国何忍负之"。大堂是昔日知县举行重大典礼、审理重大案件、迎接上级官员之地，既气派而又森严。二堂屏门横匾上书"天理国法人情"六个大字；堂前的楹联为"法行无亲令行无故；赏疑唯重罚疑唯轻"。二堂是县官主要的审判场所，绝大多数的案件都是在二堂审理的。从县衙的匾额、楹联中，可以看出传统的司法理念。

对于刑事案件的判决，必须根据法律，情与理只作附带考量。对于民事案件的判决，情与理的影响加强，以致出现有法者依法律、无法者依情理的现象。司法官要在天理、国

---

[1]《名公书判清明集·典买田业合照当来交易或见钱或钱会中半收赎》。

法、人情之间进行权衡、协调统一，这样既能确保司法公正，也有利于社会有序和国家稳定。

四、善法与良吏结合，实现司法的功能

选吏执法，是中国古代思想家、政治家为防止司法渎职，正确发挥司法功能的一项重要措施。早在春秋战国时期，管子便说："吏者，民之所悬命也。"[1] 吏的作用就是"奉主之法，行主之令，以治百姓而诛盗贼也"[2]，"选贤论材，而待之以法"[3]，可见管子对于选吏执法的重视。孟子说："徒善不足以为政，徒法不足以自行。"[4] 对此，荀子更做出了恢宏的论断，他说："故法不能独立，类不能自行，得其人则存，失其人则亡。法者，治之端也；君子者，治之原也。故有君子，则法虽省，足以偏矣；无君子，则法虽具，失先后之施，不能应世之变，足以乱矣。"[5] 因此选吏执法成为统治者重要的历史使命。

奉行法治的秦朝，特别提出以"明法律令"作为区分良吏与恶吏的标准。所谓良吏明法律令，恶吏不明法律令。

唐初，谏议大夫王珪向太宗谏言："但选公直良善人，断狱允当者，增秩赐金，则奸伪自息。"[6] 太宗听从了王珪

---

〔1〕《管子·明法》。
〔2〕《管子·明法》。
〔3〕《管子·君臣上》。
〔4〕《孟子·离娄上》。
〔5〕《荀子·君道》。
〔6〕（唐）吴兢：《贞观政要·刑法》。

的谏言，慎重司法官的人选，终于缔造了法治昌明的贞观之治。唐德宗时白居易曾经发出慨叹："虽有贞观之法，苟无贞观之吏，欲其刑善，无乃难乎。"[1] 贞观时期制定的《贞观律》是一部良法，而贞观朝的魏征、房玄龄、杜如晦、戴胄等人又都是一代贤吏，故而创造了贞观之治的盛世。而白居易所面对的德宗朝官僚状态，却是君子少、小人多，故而发出了上述的慨叹。

宋朝，王安石和陈亮先后论证了法与吏的关系，王安石说："立善法于一国，则一国治，立善法于天下，则天下治。"同时他也指出："守法者，吏也；吏不良，则有法而莫守。""守天下之法者，莫如吏。"[2] 陈亮说："法当以人而行，不当使法之自行。天下不可以无法也，法必待人而后行者也。然尝思之，法固不可无，而人亦不可少。闻以人行法矣，未闻使法之自行也。立法于此，而非人不行，此天下之正法也。"[3]

明末清初，卓越的思想家王夫之在《读通鉴论》中提出："任人任法，皆言治也。"但是"任人而废法，是治道之蠹也"，"非法何以齐之"。任法而废人也是"治之弊也"，"未足以治天下"。结论就是任人与任法相结合，"择人而授之以法，使之遵焉"[4]。

---

〔1〕 （唐）白居易：《白氏长庆集·中书制诰一》。
〔2〕 （北宋）王安石：《临川集·外制》。
〔3〕 （南宋）陈亮：《陈亮集·人法》。
〔4〕 （明）王夫之：《读通鉴论·三国》。

晚清时期，魏源主张立法行法都必须得人，他说："天下有不可强者三：有其人，无其财，一难也；有其财，无其人，二难也；有其人，有其财，无其材，三难也。"[1] 修律大臣沈家本说："夫法之善者，仍在有用法之人，苟非其人，徒法而已。""大抵用法者得其人，法即严厉，亦能施其仁于法之中；用法者失其人，法即宽平，亦能逞其暴于法之外。"[2]

为了使法与吏结合发挥执法之吏的作用，除严格选吏外，还需要以严法治吏。商鞅说："守法守职之吏有不行王法者，罪死不赦，刑及三族。"[3] 韩非说："人臣循令而从事，案法而治官。"[4]

综观历代法典，都不乏对执法者知法犯法的处罚规定，或予以刑责，或交部议处。如《大清律例》规定："命盗案件……倘审理错谬，关系重大者，即将承审之州县，及率转之知府，一并开参，照例分别议处。"[5]

选良吏执法，使法与吏统一，是一项经过历史检验的、成熟的治国方略。法与吏二者结合好的王朝多为盛世，如汉文景之治、唐贞观之治，既有善法又有良吏，相得益彰，造就了少有的盛世。法与吏二者悖谬的王朝多为衰世，如秦任用酷吏恣意违法，隋末宪章遐弃，不以官人违法为意，结果不旋踵而亡，成为历史上著名的两个短命王朝，这反映了历

---

〔1〕（清）魏源：《海国图志·筹海篇上》。
〔2〕（清）沈家本：《历代刑法考·刑制总考》。
〔3〕《商君书·赏刑》。
〔4〕《韩非子·孤愤》。
〔5〕（清）薛允升：《读例存疑·刑律·断狱》。

史发展的规律。

五、严格执法，提高司法权威

中国古代思想家、政治家、明君贤相都充分认识到司法不仅关系到当事人的切身利益，而且也影响到社会的稳定和国家的兴衰，因而充分论证了严格执法、公正司法的重要性。

历史证明，只有严格执法，才会增强司法的权威性。例如，商鞅变法时，初期"言初令之不便者以千数，于是太子犯法，卫鞅曰：'法之不行，自上犯之。'将法太子。太子，君嗣也，不可施刑，刑其傅公子虔，黥其师公孙贾。明日，秦人皆趋令。行之十年，秦民大说，道不拾遗，山无盗贼，家给人足。"[1]

又如，东汉时期，湖阳公主的豪奴白日杀人，隐匿在公主家，后豪奴为公主驾车出行，洛阳令董宣乃"驻车叩马……大言数主之失，叱奴下车，因格杀之"。由于董宣严于执法，"由是搏击豪强，莫不震粟。京师号为'卧虎'"[2]。

蜀汉诸葛亮以公正司法治世，说，"吾心如秤，不能为人作轻重"。《三国志》的作者陈寿充分肯定了诸葛亮执法公平的效果："开诚心，布公道，尽忠益时者，虽仇必赏；犯法怠慢者，虽亲必罚。"[3]

以公正司法、铁面无私、流芳百世的包公在知开封府时，

---

〔1〕《史记·商君列传》。
〔2〕《后汉书·董宣传》。
〔3〕《三国志·诸葛亮传》。

"立朝刚毅，贵戚宦官为之敛手，闻者皆惮之。人以包拯笑比黄河清。童稚妇女，亦知其名，呼曰'包待制'。京师为之语曰：'关节不到，有阎罗包老'"〔1〕。他曾说，"法令既行，纪律自正，则无不治之国，无不化之民"〔2〕。

六、调解息争以利于社会和谐

中华民族自古以来便养成了以和为贵的心理状态，无论亲族之间、邻里之间，多以和睦相处、患难相济为相处之道。同时，在孔子"必也使无讼乎"司法理念的影响下，发生一般的民事方面的争讼，官府多以调解为主，当事人为减少讼累，也乐于接受调处。因此汉代便出现了调解息讼的一些案例。至唐代，有些善于调处的官员致仕返乡以后，民间争讼仍然奔赴其门请求调解。在宋代，调解息讼累见于文献记载。至清朝，调解息讼形式多样，分为堂上调解、堂下调解。堂下调解又可分为亲族调解、邻里调解、基层组织调解。调解之后，由当事人出具甘结，以示各息，官府据此结案，不许再诉。

调解是中国古代司法一项重要的经验，在中华法文化中，是独具特色的。其所以延续千年而不衰，不是偶然的。中国古代稳定的血缘、地缘关系是推动调解的客观条件，追求政简刑清是官府提倡调解的主观动机，避免讼累是民众乐于接受调解的主观原因和心理状态。

---

〔1〕 《宋史·包拯传》。
〔2〕 （北宋）包拯：《包孝肃奏议集·上殿札子》。

但是调解绝非不讲原则、不顾法纪、一味和事佬性质的举措，而是一种建基于情、理、法之上的"致中和"的司法艺术。调解的甘结，多是在"晓之以理，动之以情"之后做出的。调解的终极意义，在于激发争讼之人的羞恶之心、辞让之心、是非之心。当然，不论是执法原情、屈法伸情，还是调解息讼，所涉及的案件都是对社会和国家危害不大的，并且息讼甘结由官定、原情免罪由上裁。这样做，既可以起到渲染圣君仁慈的效果，又体现了重纲常、和睦相处、维护名教的宗旨。

七、司法监察的制度化，构建遏制司法腐败的可靠防线

根据史书记载，中国古代行使司法监察权的方式主要有以下三种：

第一，审录囚徒，辩明冤枉。所谓录囚，就是审录在押的囚犯，如发现冤抑就便纠正。录囚制度始于汉，据《后汉书·百官志五》载："诸州常以八月巡行所部郡国，录囚徒。"皇帝有时也亲自录囚。由于录囚制度是行使监察权的重要方式，其任务就是辩明冤枉、及时纠正，借以监督司法活动、统一法律的适用，所以自汉以后延续了一千多年。除定期举行外，遇有重大灾异，所谓天象示警，也要进行临时性的录囚，以疏通冤抑之气，纠正司法中的不法行为。

第二，巡按州县，监督司法。御史受命巡按地方，既考察官吏的治绩、农业的丰歉，更重要的是进行司法监察。唐朝时划分天下为十五道监察区，由御史台所属监察御史定期

巡按所属州县。所察内容广泛，但以司法监察为重点。此外，朝廷也不定期地派出使臣巡行天下。太宗贞观八年（634 年）正月，发布《遣使巡行天下诏》，派遣大臣萧瑀等"分行四方，申谕朕心，延问疾苦，观风俗之得失。察政刑之苛弊"〔1〕。

《唐六典》卷十三《御史台》载："监察御史，掌分察百僚，巡按郡县，纠视刑狱，肃整朝仪。凡将帅战伐，大克杀获，数其俘馘，审其功赏，辨其真伪；若诸道屯田及铸钱，其审功纠过亦如之。"御史巡按，一般是"持有制命"，"奉制巡按"，因而具有较高权威。监察御史韦思谦说："御史出使，不能动摇山岳，震慑州县，为不任职。"宪宗时，元稹为监察御史出使东蜀，劾奏故节度使严砺"违制擅赋"，严砺"虽死，其属郡七州刺史，皆坐责罚"。唐高宗在仪凤二年（677 年）十一月十三日颁发《申理冤屈制》，制中要求巡按地方的监察官"所有诉说冤滞文案，见未断绝者，并令当处速为尽理勘断，务使甘伏，勿使淹滞。若处断不平，所司纠察得实者，所由官人，随即科附。"〔2〕

元朝虽然不重视法制，但对于监察机关的作用却极为重视。世祖曾郑重宣示："中书朕左手，枢密朕右手，御史台是朕医治两手的。"〔3〕至元十四年（1277 年）七月颁布的《行台体察等例》三十条中，属于司法监察几乎占一半，而且在最后一条，还明确规定："其余该载不尽，应合纠弹事

〔1〕《唐会要·贡举下》。
〔2〕《全唐文·高宗一》。
〔3〕（明）叶子奇：《草木子》卷三下《杂制》。

理，比附已降条画，斟酌彼中事宜，就便施行。"这就赋予提刑按察使以法律内和法律外的监察权。

终明之世，派遣巡按御史巡按地方司法，成为常态，起到了振肃的作用。

明洪武十四年（1381年）遣监察御史林愿、孙荣、石恒等分按各道罪囚；洪武十五年（1382年）设十二道监察御史（后增加一道）共110人。员额的扩大，一则反映对于监察御史的倚重，二则适应了专制制度的强化，因为监察御史是皇帝的耳目之司。御史巡按州县，实质上是代表皇帝对地方司法的控制和监察。地方官吏有罪，由巡按御史按问。除此之外，地方无权管辖的案件，也由巡按御史审理。地方重案的复审权，也由巡按御史行使。从效果上看，巡案御史在依法问刑，辨明冤枉方面，确实起到了一定的作用。如嘉靖时期海瑞巡按应天府时，力摧豪强奸顽，赈抚穷弱黎民，"豪有力者，至窜他郡以避"。又如陈选巡按四川时，"黜贪奖廉，雪死囚四十余人"。

第三，"杂治"会审，决定大狱。所谓"杂治"，是指监察官与行政官、司法官共同审理案件的体制。如汉武帝时东平王刘云被人控告"谋弑上为逆"，此案便由廷尉、丞相长史、御史中丞共同审理。汉时的"杂治"发展至唐朝，形成了三司推事的体制，也就是刑部、大理寺、御史台长官共同审理大案要案。据《唐会要》记载："有大狱，即命中丞、刑部侍郎、大理卿鞫之，谓之大三司使；又以刑部员外郎、御史、大理寺官为之，以决疑狱，谓之三司使。"〔1〕 至明清两代，会审制度进一步发展，除刑部、大理寺、都察院长官的三司会审外，还有九卿会审，就是三司外加上其他六个部门的行政官员共同审判大案、要案及死刑复核案件。三司会审或九卿会审是最后的司法审级，同时也为司法监察提供了平台。凡属死刑重案，多由会审审定，由皇帝勾决。在会审中，御史台和明清时期的都察院长官不仅是会审的主要成员，负责、监督案件的审理情况，而且还派出御史纠弹无故不参加会审的官员。

综上可见：

第一，司法监察是遏制司法渎职的一道防线。或秦汉以来，对于地方司法进行定期不定期的监察，的确纠正了某些冤假错案，而汉代青州刺史隽不疑"每行县录囚徒还，其母辄问不疑：'有所平反，活几何人？'"〔2〕 说明监察官握有解决命案的重大权力。唐朝是以法治相尚的朝代，有的司法官在处理案件时不惜违反君命。如贞观初年（627 年），郿县县令裴仁轨私役民夫，唐太宗欲斩之，殿中侍御史李乾祐谏曰："法令者，陛下制之于上，率土尊之于下，与天下共之，非陛下所独有也。仁轨轻罪而致极刑，是乖画一之理，刑罚不中，则人无所措手足。臣忝宪司，不敢奉制。"〔3〕 终于使太宗折服。又如唐宪宗时，御史中丞薛存诚依法判处犯法作恶的僧人虚鉴，但是宪宗命他将虚鉴释放，存诚不奉诏。次

---

〔1〕《唐会要·诸使中》。
〔2〕《汉书·隽不疑传》。
〔3〕《旧唐书·李乾祐传》。

日，宪宗又命宦官来宣旨，表示只想亲审，并无开释之意。但薛存诚依旧抗命，并说："虚鉴罪款已具，陛下若召而赦之，请先杀臣，然后可取。不然，臣期不奉诏。"[1] 最终，宪宗也无可奈何。可见，御史的司法监察在一定程度上约束了皇帝的司法专制。

第二，制定专门的监察法。中国古代除刑典列有惩治官吏贪腐与司法渎职之法外，还专门制定了监察法，而且自汉以后自成系统，是中国古代法律体系中的重要组成部分，其规范的细密，制度建构的完整，均为世界法制史所仅见。

例如，汉武帝时期，针对地方州郡长官与地方豪强勾结、鱼肉百姓的现象，制定了《刺史六条察郡之法》。这是中国历史上第一部专门的监察法。西晋时制定有"察长吏八条"，既奖廉吏，也惩贪官，特别要求司法承审官办案时清正廉洁、秉持公正，洁身自律。唐朝玄宗时期制定了《监察六条》，它与汉武帝的《刺史六条察郡之法》不同，面对的是所有官吏，而非仅限于二千石的高官。宋朝在地方建立监司通判监察系统，并制定了监司互监法，以充分发挥监察官行使监察职能。明朝从太祖起便重视监察立法，先后制定了《宪纲总例》、《六科给事中总例》及各科事例、《出巡事宜》、《巡抚六察》等一系列监察法规。

清朝制定的《钦定台规》是秦汉以来监察立法之大成，是中国封建时代最完备的一部监察法典。其中的《训典》和

---

[1]《旧唐书·薛存诚传》。

《宪纲》应为总则,其他则为分则。不仅从制度层面作出了一系列规定,还从程序层面详加规范,以保证制度规定的落实。除此之外,由于监察法中详定了监察官的职掌、权责以及违法处置,这既是监察官行使监察权的依据,也是防止监察权滥用的法律约束。

第三,严格监察官的任职条件与监察责任。监察官虽然官品不高,但权重,是天子的耳目之司。由于监察官的素质直接关系到监察效能的发挥。因此历代以品、学、识作为选用监察官的条件。品指思想品质、道德品质。首要的是清正刚直、不畏权势、嫉恶如仇。学指文化素养,监察官一般要求须进士出身,未经科举入仕者不得为监察官。识指基层工作的实际经验,凡未经州县官实任者,一般不得为监察官。正是对监察官品学识的要求,使得历代涌现了许多尽忠职守、奉法察吏的监察御史。还需指出,监察官如果失监虚监,玩法失职者,要加重处刑。

八、司法官的选任与培养

由于中国古代重视司法,进而也重视对司法官的培养与选任。既重视司法知识与能力,更重视品格与德性。秦汉时,已设有专门传授法律知识、培养司法官吏的官署,称作"律学"。西汉元光元年(公元前134年)皇帝下诏,令郡察举人才设"四科",其三曰"明达法令"[1],说明"明达法

----

〔1〕《续汉书·百官志》。

令"是重要的担任司法官的条件。

由魏晋至唐宋设律博士为讲授法律之官，以培训司法人才。据《三国志·魏书·王毌二刘传》记载，魏明帝时始设律博士，以培训地方司法官吏。晋时律博士为廷尉属官执掌司法教育。

唐宋时，律学隶属国子监，仍设律博士，凡命官、举人皆得入学。

唐朝建立科举制度以后，设明法，开科取士。永徽三年（652年）高宗下诏指出，"律学未有定疏，每年所举明法，遂无凭准，宜广召解律人条义疏奏闻"[1]。可见，定疏议的目的之一就是为明法考试提供评卷解卷的标准。

宋沿唐制，科举中仍然设明法科，而且扩大录取名额。神宗改制时，为了进一步改变"近世士大夫，多不习法"的学风，"又立新科明法，试律令、《刑统》大义、断案"[2]。科举试法起着某种导向作用，激发了士人学习法律的积极性。如同神宗时大臣彭汝砺所说："异时士人未尝知法律也，及陛下以法令进之，而无不言法令。"苏轼在《戏子由》诗中说："读书万卷不读律，致君尧舜知无术。"这从嘉祐二年（1057年）苏轼参加科举考试撰写的策论《刑赏忠厚之至论》说明他是读书读律的，此文受到主考官梅尧臣和欧阳修的常识，拔擢为第二名。至礼部复试时，苏轼再以《春秋对义》论取为第一名。

---

〔1〕《旧唐书·刑法志》。
〔2〕《宋史·选举志一》。

从明朝起，废除律博士，同时科举中废明法科、刑法科，改用八股取士，致使入仕之官对法律茫然无知，而明清律又都规定"诸断罪皆须具引律例"，如有舛错则予以处罚，因此审判时不得不倚仗幕吏，遂使幕吏擅权。这是明清司法的一大弊端。

为了弥补司法官法律知识的缺乏，防止司法权下移，《大明律·吏律公式》中首列"讲读律令"："百司官吏务要熟读，讲明律意，剖决事务。每遇年终，在内从察院，在外从分巡御史、提刑按察司官，按治去处考校。若有不能讲解，不晓律意者，初犯罚俸钱一月，再犯笞四十附过。三犯于本衙门递降叙用。"

对于"讲读律令"之法，清代律学家吴坛在《大清律例通考》中考证说："前明成化四年（1468年）旧例内开：各处有司，每遇朔望诣学行香之时，令师生讲说律例及御制书籍，俾官吏及合属人等通晓法律伦理，违者治罪。"

清朝建立以后，仿《大明律》制定《大清律集解附例》，仍将"讲读律令"条列于"吏律·公式"之中，并加小注"盖欲人知法律而遵守也"。

雍正一朝，对"讲读律令"极为重视。史载，雍正三年（1725年）议准："嗣后年底，刑部堂官传集满汉司员，将律例内酌量摘出一条，令将此条律文背写完全，考试分别上、中、下三等，开列名次奏闻。"

乾隆初，吏部以内外官员各有本任承办事例，"律例条款繁多，难概责以通晓，奏请删除官员考校律例一条"，乾隆帝"不允",谕曰:"诚以律例关系重要,非尽人所能通晓,讲读之功不可废也。"乾隆七年(1742年),上谕中严肃指出:"若谓各部则例未能尽行通晓则可,若于本部本司律例茫然不知,办理事件徒委书吏之手,有是理乎!"

"讲读律令"条中所谓的"国家律令",是指"颁行天下,永为遵守"的《大明律》和《大清律例》而言。这两部法典虽以刑法为核心内容,但也是诸法合体的国家大法,涵盖十分宽广,涉及行政、民事、财经、刑法、诉讼、断狱、监狱与家庭、社会等诸多方面,故而要求"百司官吏务要熟读,讲明律意,剖决事务"。

为适应官员应付"讲读律令"的需要,清朝允许和鼓励私家注律,形成了由州县官至封疆大吏乃至刑部官员组成的律学家队伍。为便于官吏学律,编著了"便览"之类的简易读本,此外,还有便于记忆的图表、歌诀类律学著作。

明清时代对于官吏的"普法教育"和一系列规定,是很值得玩味的。其一,为官者不可不知法,故普法对象首在官不在民。其二,官员普法不限于本部门的法规,更应当熟悉国家最重要的法典。其三,官员普法的要求载于刑法典,是具有强制性的,违反者要给予制裁。其四,每年定期考查官员的法律知识形成了一种制度,而不是一时的。其五,考试结果区分优劣,按法予以奖惩。"讲读律令"起了很好的导向作用,增加了官民的法律意识。历史的经验证明,只有执法者法律素质的提高,才有助于援法断罪,改善司法状况。改革开放以来,进行了几次全国性的普法运动,收到很好的效果。其不足之处，一是普法对象首重在民，其次才是官；二是缺乏制度化、常态化。只有官员群体明法律令，才能自觉地贯彻依法治国的方略。

九、司法官的责任要求

第一，奉公去私。荀子说："法者，所以齐天下之动，至公大定之制也。"这是法的基本属性，但是，"徒法不足以自行"，为了实现法的基本属性，要求司法官在司法实践中一定要做到奉公去私，不能以私害法，这是对司法官最基本的责任要求。历代思想家不断发出"以私害法"的警语，慎到说"法之功，莫大使私不行……今立法而行私，是私与法争，其乱甚于无法"；"夫立法者以废私也，法令行而私道废矣；私者，所以乱法也"。作为司法官，务要"审是非，查案情"，公正断案，"合于法则行，不合于法则止"，历代所谓清官廉吏，不外乎此。

第二，职掌司法的州县长官必须亲理狱讼。由于司法结果不仅直接关系诉讼当事人的切身利益，也影响到社会的秩序与国家的稳定。因此从秦汉时起，便要求郡（州）县长官亲理狱讼。唐宋两朝是以法制相尚的朝代。《唐六典·诸州县令》规定县令职掌如下："敦四人之业，崇五土之利，养鳏寡，恤孤穷，审察冤屈，躬亲狱讼，务知百姓之疾苦。"

宋仁宗即位之初，即下诏"内外官司，听讼决狱，须躬自阅实据"。宋徽宗宣和二年（1120 年）诏："州县官必须亲临现场主持查勘，如托故不即检验，或不为用心检验，移易轻重、增减尸伤不实；定执致死。根因不明者，正官杖六十，首领官杖七十，吏典杖八十。"

清朝鉴于州县长官均非明法出身，司法案件多委之幕吏，因此律法严惩幕吏擅权，如案件有违公正，对幕吏的惩罚重于长官。

第三，援法断罪。从晋朝起，引律断罪已经法律化了，如不引法而以意断罪，或虽引法但不如法，均为司法官渎职行为，要受到刑责。宋时，《名公书判清明集》中，法官断案多引"在法""如法"，以示引律文判案的依据。

第四，不得违法刑讯。在中国古代基本实行罪从供定，因此刑讯取供是不可避免的，但司法官如法外用刑，则应负刑责，《唐律疏议·断狱》："诸应议、请、减，年七十以上，十五以下，及废疾者，并不合拷讯，皆据众证定罪，违者以故失论。""若拷过三度及杖外以他法拷掠者，杖一百，杖数过者，反坐所剩，以故致死者，徒二年"。

另按明律："但伤人不曾致死者，俱奏请，文官降级调用，武官降级于本卫所带俸。因而致死者，文官发原籍为民，武官革职。"

上述司法官的责任制度，对于约束司法官依法公正审理案件起到一定的作用，是司法文化中的积极内容，对于当代司法也有一定的借鉴意义。

十、司法渎职的惩罚

中国古代不仅从正面提出了对于司法官的责任要求与道

德要求，而且还以严格的法律惩治司法渎职行为。早在《睡虎地秦墓竹简》中便规定有"失刑""纵囚""不直"等罪名，用以惩治执法不直的官员。随着历代法律的不断完善，惩治司法渎职的罪名不断增多，刑罚也不断明确，大致可以分为以下几类：

第一，断罪不如法。早在战国时期法家反对"临事议罪"，提出了援法断罪的主张。至西晋时，三公尚书刘颂针对司法实践中"断罪不如法"的现象提出："律法断罪，皆当以法律令正文，若无正文，依附名例断之，其正文名例所不及，皆不论。"至唐朝，唐律明确规定："诸断罪皆须具引律令格式正文，违者笞三十。"

《宋刑统》也仿《唐律》，"诸决罚不如法者，笞三十"，但"以故致死，徒一年"。

《大明律》对于不如法者，笞四十，"因而致死者，杖一百"，虽轻于宋律，但须赔偿埋葬银一十两，"行杖之人，各减一等"。

《大清律例》关于断罪不如法的规定更为具体："凡官司断罪，皆须具引律例。违者，如不具引，笞三十。若律有数事共一条，官司止引所犯本罪者，听。所犯之罪止合一事，听其摘引一事以断之。其特旨断罪，临时处治不为定律者，不得引比为律。若辄引比致断罪有出入者，以故失论。故行引比者，以故出入人全罪，及所增减坐之。失于引比者，以失出入人罪，减等坐之。"

第二，出入人罪。此罪分失出入与故出入，前者为过失，后者为故意，是司法渎职的常见现象。唐律对于官司出入人罪的规定如下："诸官司入人罪者，谓故增减情状足以动事者，若闻知有恩赦而故论决，及示导令失实辞之类。若入全罪，以全罪论；虽入罪，但本应收赎及加杖者，止从收赎、加杖之法。"疏议曰："官司入人罪者，谓或虚立证据，或妄构异端，舍法用情，锻炼成罪。"[1]

唐律还规定："从轻入重，以所剩论；刑名易者：从笞入杖、从徒入流，亦以所剩论。从徒入流者，三流同比徒一年为剩；即从近流而入远流者，同比徒半年为剩；若入加役流者，各计加役年为剩。从笞杖入徒，从徒流入死罪亦以全罪论。其出罪者，各如之。""即断罪失于入者，各减三等；失于出者，各减五等。"[2]

《大明律》在出入人罪的法律规定中，既简要剖析了犯罪的原因，又分清了官与吏各应负的刑责："凡官司故出入人罪，全出全入者，以全罪论。谓官吏因受人财及法外用刑，将本应无罪之人而故加以罪，及应有罪之人而故出脱之者，并坐官吏以全罪。""若增轻作重，减重作轻，以所增减论，至死者坐以死罪。若断罪失于入者各减三等，失于出者各减五等。"[3]

第三，受赇枉法。受赇枉法是一项古老的犯罪类别，也是司法官最常见的职务犯罪。据《说文》所载："赇，以财物枉法相谢曰赇。"据颜师古注："以财求事曰赇。"汉律对

---

[1]《唐律疏议·断狱》。
[2]《唐律疏议·断狱》。
[3]《大明律·刑律·断狱》。

官吏受赇枉法的处罚严厉，犯之者处以重刑。汉文帝十三年（公元前167年）诏曰："吏受赇枉法……皆弃市。"另据《张家山汉墓竹简》所载："受赇以枉法，及行赇者，皆坐其（臧）（赃）为盗。罪重于盗者，以重者论之。"汉律除惩治受赇枉法者外，也制裁行赇者，如元朔五年，临汝侯灌贤"行赇，罪，国除"。

《唐律疏议》以六赃——受财枉法、受财不枉法、受所监临财物、强盗、窃盗和坐赃，概括非法占有公私财物的犯罪。六赃之中以受财枉法列于首位，处刑极严。唐律"监主受财枉法"条规定，受绢一尺杖一百，每一匹加一等，十五匹处绞刑。即使"诸有事先不许财，事过之后而受财者，事若枉，准枉法论；事不枉者，以受所监临财物论"。

另据唐律"监主受财不枉法"条规定："赃一尺杖九十，每二匹加一等，三十匹加役流。无禄人受财不枉法减一等处刑，四十匹加役流。"[1]

第四，请托枉法。请托枉法系指以私事相托，走门路，通关节，以求曲法减免罪犯的处刑。为杜绝此种司法渎职现象，唐律规定："诸有所请求者，笞五十；谓从主司求曲法之事。即为人请者，与自请同。主司许者，与同罪。主司不许及请求者，皆不坐。已施行，各杖一百。"疏议解释曰："凡是公事，各依正理。辄有请求，规为曲法者，笞五十。即为人请求，虽非己事，与自请同，亦笞五十。'主司许

---

〔1〕《唐律疏议·职制》。

者'，谓然其所请，亦笞五十，故云'与同罪'。若主司不许及请求之人，皆不坐。'已施行'，谓曲法之事已行，主司及请求之者各杖一百，本罪仍坐。"[1]

如受人财而为请托者，"坐赃论加二等"；如系监临势要者，"准枉法论"；"与财者，坐赃论减三等"。疏议曰："'受人财而为请求者'，谓非监临之官，'坐赃论加二等'，即一尺以上笞四十，一匹加一等，罪止流二千五百里。"[2]

第五，挟仇枉法。因挟私仇而枉法陷人于罪，亦属司法渎职的一种。明律中有"怀挟私仇故禁平人"之条："凡官吏怀挟私仇故禁平人者，杖八十；因而致死者，绞。提牢官及司狱官、典狱卒知而不举首者，与同罪。至死者，减一等。不知者，不坐。若因公事，干连平人在官无招，误禁致死者，杖八十。有文案应禁者，勿论。若故勘平人者，杖八十；折伤以上，依凡斗伤论；因而致死者，斩。同僚官及狱卒知情共勘者，与同罪；至死者，减一等；不知情，及依法拷讯者，不坐。若因公事，干连平人在官，事须鞫问，及罪人赃仗证佐明白，不服招承，明立文案，依法拷讯，邂逅致死者，勿论。"[3]

第六，滥用酷刑。中国古代司法审判重视口供，因此有些司法官急欲取得罪犯口供，往往滥施酷刑。至唐朝以法相尚，拷讯也趋于规范化。按唐律："诸应讯囚者，必先以情，审察辞理，反复参验；犹未能决，事须讯问者，立案同判，

---

〔1〕《唐律疏议·职制》。

〔2〕《唐律疏议·职制》。

〔3〕《大明律·刑律·断狱》。

然后拷讯。违者，杖六十。"〔1〕

　　第七，淹禁稽迟。在司法审判中承审官出于主观上的各种原因，出现应审不审、应释不释、应结不结等淹禁稽迟现象，亦属司法渎职。唐律规定："诸徒、流应送配所，而稽留不送者，一日笞三十，三日加一等；过杖一百，十日加一等，罪止徒二年。不得过罪人之罪。"〔2〕

　　宋朝为了提高司法效率，规定了审判期限。凡大理寺审判的案件，大事不过二十五日，中事不过二十日，小事不过十日。审刑院详覆（复核），大事不过十五日，中事十日，小事五日。所谓大事、中事、小事，凡二十缗以上为大事，十缗以上为中事，不满十缗为小事。虽有上述期限的规定也无法避免审判实践中的拖沓淹滞与旷日废时。

〔1〕《唐律疏议·断狱》。
〔2〕《唐律疏议·断狱》。

中国古代的法律宣传

习近平总书记强调："推进全民守法，必须着力增强全民法治观念。要坚持把全民普法和守法作为依法治国的长期基础性工作，采取有力措施加强法制宣传教育。要坚持法治教育从娃娃抓起，把法治教育纳入国民教育体系和精神文明创建内容，由易到难、循序渐进不断增强青少年的规则意识。要健全公民和组织守法信用记录，完善守法诚信褒奖机制和违法失信行为惩戒机制，形成守法光荣、违法可耻的社会氛围，使尊法守法成为全体人民共同追求和自觉行动。"[1] 中国古代法律的作用在于禁暴惩奸，惩贪除邪。为了发挥法律的作用，要让百姓知法、畏法、守法，历代都重视法律宣传。

一、木铎传法、悬法象魏

木铎传法是面向民间社会的法律传播方式，在法律公布

---

[1] 习近平："加快建设社会主义法治国家"，载《求是》2015 年第 1 期。

之后，夏商周时期往往还要通过木铎宣传的形式将法令广播四方，使民众知悉法律的内容，不致误触刑网。《尚书·胤征》："惟仲康肇位四海，胤侯命掌六师。羲和废厥职，酒荒于厥邑，胤后承王命徂征。告于众曰：嗟予有众，圣有谟训，明征定保，先王克谨天戒，臣人克有常宪，百官修辅，厥后惟明明，每岁孟春，遒人以木铎徇于路，官师相规，工执艺事以谏，其或不恭，邦有常刑。"《左传·襄公十四年》："故《夏书》曰：'遒人以木铎徇于路。官师相规，工执艺事以谏。'正月孟春，于是乎有之，谏失常也。天之爱民甚矣。岂其使一人肆于民上，以从其淫，而弃天地之性？必不然矣。"《周礼·秋官·小司寇》："正岁，帅其属而观刑象，令以木铎曰：'不用法者，国用常刑。'"郑玄注曰："正岁，谓夏之正月。得四时之正，以出教令者，审也。古者将有新令，必奋木铎以警众，使明听也。木铎，木舌也。文事奋木铎，武事奋金铎。"丘濬《大学衍义补》卷一百七"顺天时之令"："令之木铎，使有耳者所共闻，欲其入于耳而警于心。"

除以木铎宣传法令，使民知而敬畏以外，还悬法象魏，也是这一时期法律宣传的形式。

悬法象魏，是指将法令悬挂在王宫门口之外的高台之上，公示于民，使国人了解刑（法）之可畏。《周礼·秋官·大司寇》："大司寇之职，掌建邦之三典，以佐王刑邦国，诘四方。""正月之吉，始和，布刑于邦国都鄙，乃县刑象之法于象魏，使万民观刑象。挟日，而敛之。"《周礼·秋官·布宪》也有类似记载："布宪掌宪邦之刑禁。正月之吉，执旌节以宣布于四方。而宪邦之刑禁，以诘四方邦国，及其都鄙，达于四海。凡邦之大事合众庶，则以刑禁号令。"丘濬《大学衍义补》卷一百七："正月既布于象魏，县于门闾、都鄙、邦国，然恐其奉行之者不必谨，或有废格而懈弛者，于是设布宪之官，每岁自正月始遍巡天下，自内而至于外、由近而至于远，内而方国，外而海隅，无不至焉。"

木铎传法、悬法象魏都是这一时期比较简单和直观的法律宣传形式。这一时期的法律宣传形式虽然比较简单、直观，但说明统治者对此的重视，并且设有专官执行；但是，这时的宣传只是让百姓了解刑之可畏，以有利于遵令守法，并未涉及如何具体施刑和根据何种具体规定施刑。

二、铸刑书于鼎，公布成文法，使百姓知法

春秋初期，各诸侯国基本上沿用西周的礼法体制。至春秋中叶，代表地主阶级的新兴政治势力兴起，反对旧贵族垄断法律的权力知识以便任意地设法执刑，因而，他们要求公布成文法，迫使当政者不得不公布成文法，将刑书铸于鼎上，向百姓公布法律。

《左传·昭公六年》记载"郑人铸刑书"，杜预注曰："铸刑书于鼎，以为国之常法。"由于郑国执政者子产"铸刑书于鼎"，打破了"临事制刑，不豫设法"，"刑不可知，则

威不可测"[1] 的旧传统，对贵族们任意化无罪为有罪、变有罪为无罪的擅断权是一种剥夺，因而引起了极大的震撼，遭到晋国以叔向为代表的旧贵族势力的激烈反对。叔向致书子产大加责难，说："昔先王议事以制，不为刑辟，惧民之有争心也……民知有辟，则不忌于上，并有争心，以征于书，而徼幸以成之，弗可为矣……今吾子相郑国，作封洫，立谤政，制参辟，铸刑书，将以靖民，不亦难乎……民知争端矣，将弃礼而征于书，锥刀之末，将尽争之，乱狱滋丰，贿赂并行，终子之世，郑其败乎！闻之：'国将亡，必多制。'其此之谓乎?"[2] 所谓"议事以制"的"制"，类似于后世的"故事""成例"，由贵族们掌握，秘而不宣，以便于擅断罪罚，这既加强了法律的神秘性，也显示了贵族们的权力价值。正因为如此，他们对于公布成文法所打破的擅断特权，所确立的按法断罪的规矩，表示了谴责。对叔向的谴责，子产坚定地不予"承命"，理由就是"吾以救世也"。所谓"救世"，就是随着社会的变化而改变不合时宜的权力观念与法律制度。通过公布成文法维护了新兴地主官僚的权力，得到了百姓的拥护，推动了社会改革，给郑国带来了新气象。

继子产铸《刑书》之后，郑国大夫邓析于公元前502年自行修订郑国的法律，刻于竹简之上，名为《竹刑》。邓析提倡"事断于法"，并向民众传授法律知识，因而遭到郑国

---

〔1〕《左传·昭公六年》。
〔2〕《左传·昭公六年》。

当政者的忌恨。公元前 501 年，"郑驷歂杀邓析而用其《竹刑》"[1]，说明竹刑在当时已得到百姓的某种认同。

正如历史的发展不以个别人物的意志为转移一样，曾经反对郑铸《刑书》的晋国，却于二十三年以后也不得不"铸刑鼎"，公布了《刑书》。《左传·昭公二十九年》记载如下："冬，晋赵鞅、荀寅帅师城汝滨，遂赋晋国一鼓铁，以铸刑鼎，著范宣子所为《刑书》焉。"据杜预《春秋左传集解·昭公二十九年》注："范宣子所用刑，乃夷蒐之法也。夷蒐在文六年……"孔子也说："宣子之刑，夷之蒐也。"[2]可见铸刑鼎所公布的《刑书》，是范宣子执政时"朝廷承用"，但却未"宣示下民"的"夷蒐之法"，亦即赵盾所立之法。直至昭公二十九年（公元前 513 年），才"铸鼎而铭之，以示百姓"。[3]

如果说郑铸《刑书》是子产进行改革的产物，那么晋铸刑鼎也不是偶然的。晋国在春秋时期，经济较为发达，改革最有成效，贵族的家族组织和宗法等级制度都遭受了不同程度的破坏，从而为法制改革提供了有利的客观条件。此外，为了控制新的社会秩序，压制敌对势力，以及争取兼并战争的胜利，都需要公布成文法，以执法的程序化取代断罪量刑的随意性。

孔子也反对晋铸刑鼎，对公布成文法的活动发出了尖锐

---

〔1〕《左传·定公九年》。
〔2〕（西晋）杜预：《春秋左传集解·昭公二十九年》。
〔3〕（西晋）杜预：《春秋左传集解·昭公二十九年》。

抨击："仲尼曰：'晋其亡乎！失其度矣。夫晋国将守唐叔之所受法度，以经纬其民，卿大夫以序守之，民是以能尊其贵，贵是以能守其业，贵贱不愆，所谓度也……今弃是度也，而为刑鼎，民在鼎矣，何以尊贵？贵何业之守？贵贱无序，何以为国？'"[1]孔子所说"民在鼎矣，何以尊贵"，同叔向"民之有辟，则不忌于上"如出一辙。但孔子把这个问题提到了"何以为国"的高度，表现了斗争的激烈。对于这一点，可以从孔颖达《正义》中得到证实。《正义》说："守其旧法，民不豫知，临时制宜，轻重难测，民是以能尊其贵，畏其威刑也。官有正法，民常畏威，贵是以能守其业，保禄位也。贵者执其权柄，贱者畏其威严，贵贱尊卑不愆，此乃所谓度也。言所谓法度，正如此是也。"但在铸刑鼎公布《刑书》之后，如发生争端，则"弃礼征书"，"民知罪之轻重在于鼎矣，贵者断狱不敢加增"[2]。由于"威权在鼎"，百姓也就不再"畏上""奉上"[3]，原有的体制自然难以维持了。

春秋时期，以公布成文法的形式宣传法律，反映出新的时代特点。其一，公布成文法是新兴地主阶级斗争的结果，新兴地主阶级为了维护不断发展的私有财产权，确认变动中的社会关系，调整由于宗法等级制度的松弛而形成的政治结构，巩固新势力已经获取但尚不巩固的权力，要求法律公开。

〔1〕（西晋）杜预：《春秋左传集解·昭公二十九年》。
〔2〕（西晋）杜预：《春秋左传集解·昭公二十九年》。
〔3〕（西晋）杜预：《春秋左传集解·昭公二十九年》。

代表新兴地主阶级的政治家以极大的勇气和魄力公布了成文法，反映了正在形成中的封建生产关系的要求和新兴地主阶级的意志。其二，公布法律使百姓不仅知道刑之象，而且知道因何用刑及如何用刑，因而较之先秦的悬刑象于象魏的法律宣传前进了一大步。其三，打破了"议事以制，不为刑辟"的法律秘密运行状态，曾经被垄断的权力知识也扩及百姓。正是这种时代的要求，推动了成文法的发展。公布成文法自郑、晋开其端，其他各国也群起仿效。战国李悝著《法经》，为春秋各国公布成文法作了完美总结。

三、主张"法莫如显"的法家思想

战国时期，法家主张以法治国，不仅主张制定成文法，而且要求贵贱上下，一断于法。如同韩非所说："法者，编著之图籍，设之于官府，而布之于百姓者也……故法莫如显……是以明主言法，则境内卑贱莫不闻知也"[1]，"法者，宪令著于官府，赏罚必于民心，赏存乎慎法，而罚加乎奸令者也，此臣之所师也"[2]。既然"法莫如显"而且公布于众，所以法应该统一和稳定，使吏民有所遵循，不至于无所措手足。因此韩非又说："法莫如一而固，使民知之"[3]，"言无二贵，法不两适，故言行不轨于法令者必禁"[4]。他举韩国申不害

---

[1]《韩非子·难三》。
[2]《韩非子·定法》。
[3]《韩非子·五蠹》。
[4]《韩非子·问辩》。

"不一其宪令"所造成的弊端，作为史鉴："晋之故法未息，而韩之新法又生，先君之令未收，而后君之令又下。申不害不擅其法，不一其宪令，则奸多故。"[1] 为使民知法，强调法莫如"一而故"，这样的法才有权威，才赢得民心。

商鞅变法时强调通过法制宣传，使民知法、守法，史书说："妇人婴儿皆言商君之法"[2]，这样，"吏不敢以非法遇民。民不敢犯法以干法官"[3]，"于是法大用，秦人治"[4]。这说明广泛的法律宣传起到的积极作用。

商鞅还特别提出立法要察民情，他说："法不察民之情而立之，则不成。"[5] 法家的重民是和儒家的民本思想殊途同归的。

四、秦统一后刻石记法使民知法

秦始皇在统一六国以后，继续奉行以法治国的方略，借以建立和巩固专制主义中央集权的统一国家。秦始皇面对"天下统一，海内为郡县"的新局面，为了保证法律的统一适用，废除了六国各自的法律，使"法令归于一"。秦始皇不仅在原有秦律的基础上进行了"明法度，定律令"的大量工作，为了使民知法，而且还在巡视天下时进行刻石记法。

〔1〕《韩非子·定法》。
〔2〕《战国策·秦策一》。
〔3〕《商君书·定分》。
〔4〕《史记·秦本纪》。
〔5〕《商君书·壹言》。

如秦始皇二十八年（公元前 219 年）泰山刻石记法，广泛宣传法律："皇帝临位，作制明法，臣下修饬。……治道运行，诸产得宜，皆有法式。"同年琅玡刻石："端平法度，万物之纪……除疑定法，咸知所辟。……驩欣奉教，尽知法式。"秦始皇二十九年（公元前 218 年）芝罘刻石："大圣作治，建定法度，显著纲纪……普施明法，经纬天下，永为仪则。"秦始皇三十七年（公元前 210 年）会稽刻石："秦圣临国，始定刑名，显陈旧章，初平法式，审别职任，以立恒常。"上述刻石表明了秦始皇的立法指导思想，它阐明了作制明法的目的，是使臣下修饬，各知所行，同时也使天下臣民咸知所辟，尽知法式。而更重要的是普施明法，经纬天下，亦即以法治国。根据《睡虎地秦墓竹简》中的法律规定，结合秦统一后的立法建制，雄辩地说明了秦从社会到国家、从经济到政治、从生产到生活、从家庭到个人莫不"皆有法式"。通过秦始皇刻石的方式制定有关的法律，不仅使法律具有极大的权威，而且也是宣传法律的一种新的创造。

五、两汉法律宣传的形式

第一，汉初约法三章的法律宣传形式。由于秦末酷刑虐民成为农民起义的重要诱因，因此，汉初以蠲除苛法严刑作为休养生息政策的重要内容。早在汉高祖初入咸阳时，为了扩大政治影响，笼络人心，以利于夺取政权，便在灞上当众公开宣布："与父老约法三章耳：杀人者死，伤人及盗抵罪。

余悉除去秦法。"[1] 约法三章的基本精神是删繁就简、去苛从宽，保护人身安全和私有财产权，这在当时的历史背景下无疑是顺应人心的，使得苦秦法久矣的"兆民大说"[2]，这对汉高祖战胜项羽、统一全国产生了极有利的影响。

第二，西汉时期外儒内法，通过礼的广泛性、规范性宣传法律。汉承秦制，在新的历史条件下形成了巩固的政治、经济、文化大一统的封建国家。随着国家的稳定、疆域的扩大，特别是社会发展的需要，统治者的治国方略，由初期的以黄老之学为指导思想逐渐转向为大一统辩护的儒学。从武帝时起"罢黜百家，独尊儒术"，从此，儒家以三纲——君为臣纲、父为子纲、夫为妻纲为核心的伦理纲常之说不仅成为正统的意识形态，而且进入法律领域，形成了外儒内法的治国方略。外儒就是以儒家的纲常之说作为外饰，借以赢得人心，减少推行法律的阻力。汉儒董仲舒说："以德为国者，甘于饴蜜，固于胶漆，是以圣贤勉而崇本，而不敢失也。"[3] 德主刑辅成为汉朝治国理政的基本方针。汉儒董仲舒还提倡以《春秋》经义决狱，得到了汉武帝的首肯，从而将儒家学说引向了司法领域。由于纲常伦理之说更适合中华民族的道德水准和心理状态，因此，通过礼的形式宣传法律，更容易为百姓所接受。

第三，东汉盛行私家注律，广泛宣传法律知识。东汉时

〔1〕《汉书·高帝纪》。
〔2〕《汉书·刑法志》。
〔3〕《春秋繁露·立元神》。

期，为了解释法律渊源之间的关系，减少彼此的矛盾，力求做到法律的统一适用，于是以儒家为代表的私家注律开始兴起。由于汉儒提倡引经注律，因此通经的大儒往往又是明律的大家。东汉的统治者鼓励私家注律，并将明经、通律视为晋身之阶，所以一时间儒生官吏习律成风，推动了中国古代律学走向兴盛。

著名的律学家如颖川郭氏三代、沛国陈氏三代、河南吴氏三代都是祖孙相承，明习律法，位列高官，治绩显著。据《后汉书·郭躬传》载："郭氏自弘后，数世皆传法律，子孙至公者一人，廷尉七人，侯者三人，刺史、二千石、侍中、中郎将者二十余人，侍御史、正、监、平者甚众"，"法家之能庆延于世盖由此也"。尤其是经学大师马融和郑玄，也都为法律注解立说。郑玄所撰《汉律章句》称得上汉代一部完备的律学著作，同他所注释的其他经传同样斐然于世。《晋书·刑法志》说："叔孙宣、郭令卿、马融、郑玄诸儒章句，十有余家，家数十万言。凡断罪所当由用者，合二万六千二百七十二条，七百七十三万二千二百余言。"《唐六典》卷六中也说："至后汉马融、郑玄诸儒十有余家，律令章句数十万言，定断罪所用者合二万六千余条。"由此可见东汉律学发展的盛况，通过这样的聚徒传授、子孙相袭的注律活动广泛地将法律知识散布于社会，使更多的百姓了解法律知识。

总之，私家注律丰富了古代的刑法学和诉讼法学。一方面，无论是概念的抽象还是律文的注释，都显示了律学家的法学造诣和经验的总结。并且私家注律的兴起有助于解决司法中的困惑，为儒家思想渗透到现行法律开辟了一条蹊径；另一方面，通过群体性、广泛性的私家注律，宣传了国家的法律知识，使广大百姓受到了教育，他们也于潜移默化之中增强了法律意识，尤其是东汉私家注律使律学附庸于经学，也就是礼法结合，这为百姓了解法律提供了条件。由于经即礼，而礼的规范不仅流行于上层，也广布于社会底层。通过礼法、礼俗、礼仪宣传法律，是东汉法学家的一个选择。

六、为上执法是唐代最有效的法律宣传

唐太宗李世民和辅佐他的名臣魏征、王珪、房玄龄、杜如晦、马周、戴胄等人，都亲身经历了隋朝由盛转衰，顷刻覆亡的过程，因而"动静必思隋氏，以为殷鉴"[1]。他们从总结隋亡的教训中发现"宪章遐弃"[2]，"不以官人违法为意"[3]，"法令尤峻"[4]是招致"人不堪命，遂至于亡"[5]的重要原因。因此唐朝建立以后，十分注意立法建制，恢复法治秩序。魏征曾经向太宗进言说："且法，国之权衡也，时之准绳也。权衡，所以定轻重，准绳，所以正曲直"，作为"万乘之主"，如果"任心弃法"，无异于"舍准绳以正曲直，弃权衡而定轻重"，"不亦惑哉？"[6] 魏征的进言得到了

〔1〕 （唐）吴兢：《贞观政要·刑法》。
〔2〕 《隋书·刑法志》。
〔3〕 （唐）王方庆：《魏郑公谏录·对隋日山东养马》。
〔4〕 《旧唐书·刑法志》。
〔5〕 《旧唐书·刑法志》。
〔6〕 （唐）吴兢：《贞观政要·公平》。

太宗的肯定，他多次表示："法者非朕一人之法，乃天下之法"，不可以因私"挠法"[1]。可见以明法作为"安民立政，莫此为先"[2] 的治国方略，是唐初君臣的共识。通过明法，"禁暴惩奸，弘风阐化"[3]，稳定社会秩序，防止隋末法纪败坏激起民变的历史重演。

　　贞观时期法治秩序的建立，和太宗率先垂范是分不开的。例如，贞观初所选官大都伪造资历，太宗曾颁发敕令，限其自首，否则处死。不久，温州司户参军柳雄诈冒资荫事发，大理寺少卿戴胄"据法断流"。"太宗曰：'朕初下敕，不首者死，今断从流，是示天下以不信矣。'胄曰：'陛下当即杀之，非臣所及。既付所司，臣不敢亏法。'太宗曰：'卿自守法，而令朕失信邪？'胄曰：'法者，国家所以布大信于天下，言者，当时喜怒之所发耳。陛下发一朝之忿而许杀之，既知不可而置之以法，此乃忍小忿而存大信，臣窃为陛下惜之'。"还是太宗折服，并表示："朕法有所失，卿能正之，朕复何忧也。"[4] 又如，郿县县令裴仁轨私自役使门夫，太宗怒"欲斩之"，但按法"诸监临之官，私役使所监临……各计庸赁，以受所监临财物论"，罪不至死。因此，监察御史李乾祐为之力争，指出："法者，陛下所与天下共也，非陛下所独有也。今仁轨坐轻罪而抵极刑，臣恐人无所措手足。"[5] 终

---

〔1〕（唐）吴兢：《贞观政要·公平》。
〔2〕《旧唐书·刑法志》。
〔3〕《旧唐书·刑法志》。
〔4〕（唐）吴兢：《贞观政要·公平》。
〔5〕《资治通鉴·唐纪八》。

于使太宗收回成命，并提升李乾祐为侍御史。特别是广州都督党仁弘犯法当死，太宗"哀其老且有功"〔1〕，免其死罪。为此特下诏罪己，"请罪于天"，以示不应曲法。他说："法者……不可以私而失信，今朕私党仁弘而欲赦之，是乱其法，上负于天，欲……谢罪于天三日。"这些例子都说明皇帝与大臣以身作则、率先垂范，上下齐心维护法律的权威，所以官员都不敢以非法御民。因而，为上执法正是唐代最有效的法律宣传。

七、宋代读书读律，蔚成风气

宋朝是一个重视法律胜于唐朝的朝代。宋初皇帝务实求实，非常重视运用法律管理国家。太祖曾说："王者禁人为非，乃设法令。"〔2〕太宗也反复告诫臣下："法律之书甚资政理，人臣若不知法，举动是过，苟能读之，益人知识。"〔3〕仁宗更将法制作为图治的首要条件，他说："法制立，然后万事有经，而治道可必。"〔4〕在上述尊法重法的思想影响下，以后的宋朝皇帝也都多"究心庶狱""临轩虑囚"，积极开展立法活动，加强法制建设。

太宗时期，在"经生明法，法吏通经"〔5〕的思想影响

〔1〕《新唐书·刑法志》。
〔2〕《宋大诏令集·刑法上·改窃盗赃计钱诏》。
〔3〕（南宋）李攸：《宋朝事实·兵刑》。
〔4〕《续资治通鉴长编·庆历三年九月》。
〔5〕《文献通考·选举考五》。

下，创建了"明法科"，使法律进入科考领域。太宗太平兴国八年（983年），又命"诸科始试律义"。遂使法律成为科举考试的重要内容。神宗改制时，为了进一步改变"近世士大夫，多不习法"的学风，"又立新科明法，试律令、《刑统》大义、断案"[1]。科举试法起着某种导向作用，激发了"士人"学法习法律的积极性。如同神宗时大臣彭汝砺所说："异时士人未尝知法律也，及陛下以法令进之，而无不言法令。"[2] 苏轼在《戏子由》诗中说："读书万卷不读律，致君尧舜知无术。"苏轼所说致君尧舜之术，意在说明只有精通法律才能辅佐皇帝治理国家。他在《戏子由》诗中所说的读书读律之议，他自己就是实践者，他对于刑赏之用的总结正是致君为"尧舜"的一种"术"。可见，读书读律已经蔚成风气。这从嘉祐二年（1057年）苏轼参加科举考试撰写的策论《刑赏忠厚之至论》中说明他是读书读律的，此文受到主考官梅尧臣和欧阳修的赏识，苏轼因此被拔擢为第二名。至礼部复试时，他再以《春秋对义》取为第一名。在他的做官经历中，也有纯然为司法官员者，如大理寺平事、知登闻鼓院等。

需要指出，宋朝相对宽松的政治环境，与读书读律的提倡，使得法律思想较为活跃，一些著名的法学著作相继问世。例如，律学博士傅霖撰写的《刑统赋》，将建隆四年（963年）颁布的《刑统》，以韵文的形式，编成通俗易懂便于记

---

〔1〕《宋史·选举志一》。
〔2〕（明）杨士奇：《历代名臣奏议·风俗二》。

忆的律学读本，并亲自作注，该书很有影响。金元时期仍有人为《刑统赋》作注，注本近十种之多。仁宗时，曾任国子监直讲的孙奭撰著《律文音义》《律令释文》二书，说明当时国子监中对于教授法学的重视。读书读律蔚然成风，是法律宣传的重要形式。

需要特别指出，讲求理气之书的理学家们，也在他们的诗文中表现出了对于法律的重视。例如，著名理学家朱熹主张"存天理，灭人欲"。所谓"天理"即儒家所说的三纲，朱熹将其推崇至"天理"的高度，深受统治者的肯定和宣扬。至清朝康熙时，将朱熹列于孔子十哲之次，说明天理人欲之说对于专制国家统治所起的政治功用。值得提出的是理学家并非终日论道，无视法律之学，朱熹就曾发表了《尧典象刑说》和《论治道》二文表达了他的法观点。"象以典刑"出自《尚书·舜典》，历代解释者颇多，《唐律疏议》解释说："（象刑）画象以愧其心。"朱熹的解释仿此，朱熹认为赏与刑都发自圣人之心，他说："圣人之于天下，其所以为庆赏威刑之具者，莫不各有所由……故其赏也，必察其言，审其功，而后加以车服之赐；其刑也，必曰'象以典刑'者，画象而示民，使民畏刑。"又说："上古惟有肉刑，舜之为赎、为扑，乃不忍民之斩戮，而始为轻刑者。"朱熹对于九刑（墨、劓、剕、宫、大辟、鞭、扑、流、赎）的诠释，对后世律学的发展很有影响。

朱熹还在《唐律疏议》中关于"德礼为本，刑罚为用"的儒家传统基础上做了进一步发挥。他说："愚谓政者，为治之具。刑者，辅治之法。德礼则所以出治之本，而德又礼之本也。此其相为始终，虽不可以偏废，然政、刑能使民远罪而已，德礼之政，则有以使民日迁善而不自知。故治民者不可徒恃其末，而又当深探其本也。"〔1〕然而朱熹面对的政治现实，使他有感而发："有德礼而无刑政又做不得。"〔2〕

朱熹在《论治道》一文中则立足于地方官的施政经验，比较切实地阐述了他对法律的认识。首先，他认为立法必有弊端，要点在用人得当，可以弥补法之弊，他说："大抵立法必有弊，未有无弊之法，其要只在得人。若是其人，则法虽不善，亦占分数多了。若非其人，则有善法，亦何益于事?"〔3〕同时，他面对现实，反对行古之法，"居今之世，若欲尽除今法，行古之政，则未见其利，而徒有烦扰之弊。……要之，因祖宗之法而精择其人，亦足以治"。〔4〕其次，他认为当时既有"时弊"，也有"法弊"，他说："今世有二弊：法弊、时弊。法弊但一切更改之却甚易；时弊则皆在人。人皆以私心为之。如何变得?"此论意在抨击王安石变法。由于"法弊"，"君子欲为其事以拘于法而不得骋，小人却徇其私，敢越于法而不之顾。"再次，他认为法令颁布之后，违法者自当给予刑罚，他说："号令既明，刑罚亦不可弛。苟不用刑罚，则号令徒挂墙壁尔。"最后，他从孔子论证宽猛出发，

---

〔1〕（南宋）朱熹：《论语集注·学而》。
〔2〕《朱子语类·论语五》。
〔3〕《朱子语类·朱子五》。
〔4〕《朱子语类·朱子五》。

强调："古人为政，一本于宽，今必须反之以严。盖必如是矫之而后有以得其当。今人为宽，至于事无统纪，缓急予夺之权皆不在我，下梢却是奸豪得志，平民既不蒙其惠，又反受其殃矣。"[1]

陈襄创作的《和郑闳中仙居十一首》便是一证，诗曰：

我爱仙居好，公馀日在房。
忧民极反覆，责已未周详。
法律行随手，诗书坐满箱。
老来须向学，多病喜平康。

陈襄，北宋理学家，庆历二年（1042年）考中进士，与周希孟、陈烈、郑穆（字闳中）合称"海滨四先生"，而以陈襄为首。诗中所云"法律行随手，诗书坐满箱"不但表明了陈襄治学涉猎的广泛，而且法律之书和诗书一样同在左右不离，这在他的施政实绩中，也得到了确切的证明。庆历二年陈襄任浦城县主簿，县令缺位，先生代行令事，断狱明决，不徇私情，史载："每听讼，必使数吏环立于前，私揭者不得发，老奸束手。"[2] 由此可见，日讲"危微精一"道统之学的理学家在施政的实践中也不得不求助于实学——法律之学。

陈普，南宋理宗时人，著名理学家和教育家，元兵南侵

---

[1]《朱子语类·朱子五》
[2]《宋史·陈襄传》。

时，隐居讲学于石堂山，以穷经著述自娱。面对江山残破，他在愤世嫉俗的心境下，写成《咏史上·宣帝》诗，诗云：

> 不将法律作春秋，安得河南数国囚。
> 莫道汉家杂王霸，十分商鞅半分周。

诗中前二句盛赞宋朝以法治世曾经起到的积极作用；后二句借咏史抒怀，进一步表达他对以法治国的肯定；同时也是对南宋末期法纪败坏、国将不国的抨击。所谓"莫道汉家杂王霸"，是指汉宣帝时提倡"汉家自有制度，本以霸王道杂之"，反对纯任儒术，由此形成了外儒内法的政策传统。对于宣帝的"霸王道杂之"，陈普更作了一个带有夸大性的注脚，"十分商鞅半分周"。

这种认识对于一位理学家来说不是偶然的，是时代加给他思想上的深刻烙印。

以上说明，两宋时期法律宣传的特殊形式和重要的社会影响。

八、明清律"讲读律令"条重视官民"普法"

明太祖朱元璋虽出身于平民，却十分注意总结封建国家统治的历史经验，尤其是在亲历了元末政治腐败、法纪荡然招致农民大起义的事实后，他清醒地认识到整饬封建统治秩序与法制的重要性。他说："元氏昏乱，纪纲不立，主荒臣专，威福下移，由是法度不行，人心涣散，遂致天下骚乱"，"卒至于亡"。[1]他强调指出："夫法度者，朝廷所以治天下也。"[2]

为了使法易为人知，而又便于官吏执行，也为了避免元末"条格烦冗，吏得夤出入为奸，所以其害不胜"[3]的弊病，还在吴元年（1367年）十月，李善长等议拟律令时，朱元璋便指出："法贵简当，使人易晓，若条绪繁多，或一事两端，可轻可重，吏得因缘为奸，非法意也。夫网密则水无大鱼，法密则国无全民，卿等悉心参究，日具刑名条目以上，吾亲酌议焉。"[4]洪武元年（1368年）公布《大明令》时，再次指出："……古者律令至简，后世渐以烦多，甚至有不能通其义者，何以使人知法意而不犯哉？民既难知，是启吏之奸而陷民于法，朕甚悯之。今所定律令，芟繁就简，使之归一，直言其事，庶几人人易知而难犯。"[5]

为了"使人易晓"，不要以身试法，他在洪武三十年（1397年）"故作大诰以示民，使知趋吉避凶之道"。[6]为了防止条绪繁多，一事两端，于可轻可重之间便于奸吏行私，凡"比例之繁，奸吏可资为出入者，咸痛革之"。[7]吴元年（1367年）十二月制定的《大明律令》，"凡为令一百四十五条，律二百八十五条"，[8]较之唐宋律确为简当易知。统一

---

〔1〕《明太祖宝训·谦德》。
〔2〕《明太祖实录·洪武十年十一月》。
〔3〕《明太祖实录·吴元年十一月》。
〔4〕《明史·刑法志一》。
〔5〕（明）丘濬：《大学衍义补·定律令之制下》。
〔6〕《明史·刑法志一》。
〔7〕《明史·刑法志一》。
〔8〕《明史·刑法志一》。

的明朝建立以后，几次修订大明律，也都注意贯彻简当的思想，如同《明史·刑法志一》所说："大抵明律视唐简核"。

朱元璋除提出"法贵简当"保持稳定外，还重视"明刑弼教，以礼导民"。明刑弼教是中国由来已久的传统法律思想，也是朱元璋以法治国的理论基础，在他手订的《大诰》中反复强调明刑弼教的重要性。明刑弼教重在明刑，以刑辅教。为了明刑，朱元璋不仅重视立法，尤其重视吏民知法，通过法律宣传，整饬纲纪，预防犯罪。早在吴元年（1367年）十二月，《大明令》完成时，朱元璋惟恐"小民不能周知，命大理卿周桢取所定律令，自礼乐、制度、钱粮、选法之外，凡民间所行事宜，类聚成编，训释其义，颁之郡具，名曰《律令直解》。太祖览其书而喜曰：'吾民可以寡过矣。'"[1]《明通纪》也有类似的记载："吴元年（1367年）十一月命中书省详定律令。先是上以唐宋以来，皆有成律断狱，惟元不仿古制，取一时所行之事为条格，胥吏易为奸弊。自平武昌以来，即议定律，至是台谏已立，各道按察司将巡历郡县，欲颁成法，俾内外遵守。"洪武五年（1372年）二月，鉴于"田野之民，不知禁令，往往误犯刑宪"，特"命有司于内外府州县及乡之里社皆立申明亭，凡境内之人民有犯者，书其过，名榜于亭上，使人有所惩戒"。洪武十五年（1382年）八月，就申明亭在实行中的弊病，再"谕礼部曰：'天下郡邑申明亭，书记犯罪者姓名，昭示乡里，以劝善惩恶。今有司概以杂犯小

---

[1] 《明史·刑法志一》。

罪书之，使善良一时过误为终身之累，虽欲改过自新，其路无由，尔等详议之。'于是礼部议：'自今犯十恶、奸盗、诈伪、干犯名义、有伤风俗及犯贼至徒者书于亭，其余杂犯公私过误，非干风化者，悉皆除之，以开良民自新之路……'制曰可。"〔1〕正是由于申明亭是贯彻明刑弼教的一种设于基层的制度，因此《大明律·刑律·杂犯》规定："凡拆毁申明亭房屋及毁板榜者，杖一百，流三千里。"除申明亭外，还有旌善亭、乡饮酒礼、祭厉、祭社稷等礼制，〔2〕目的也都是服务于明刑弼教。

最足以反映明刑弼教思想的，是洪武十八年（1385年）至二十年（1387年）由朱元璋亲自编制的《大诰》四篇。其主要内容是选编官民过犯的案例，以及律外峻令与有关趋吉避凶的训戒。为了广泛地宣传大诰的内容，以威慑群众，要求"户户有此一本"，"臣民熟观为戒"〔3〕。洪武三十一年（1398年），还将《大诰》三编颁之学宫，作为国子监学和科举考试的内容。而在乡里则由塾师教授《大诰》。每于乡村节日民众集会之处，还有专人讲说《大诰》。"天下讲读《大诰》师生来朝者十九万三千四百余人，并赐钞遣还。"〔4〕洪武三十年（1397年），《大明律诰》成，朱元璋亲御午门，面谕群臣，昭示制作律诰的目的："法在有司，民不周知，故命刑

〔1〕（清）沈家本：《历代刑法考·律令九·申明亭》。
〔2〕罗冬阳：《明太祖礼法之治研究》，高等教育出版社1998年版，第102页。
〔3〕《御制大诰·颁行大诰》。
〔4〕《明太祖实录·洪武三十年五月》。

官取《大诰》条目，撮其要略，附载于律……刊布中外，令天下知所遵守。"[1]

特别需要指出的是，《大明律》中专门规定了"讲读律令"条："凡国家律令，参酌事情轻重，定立罪名，颁行天下，永为遵守。百司官吏务要熟读，讲明律意，剖决事务。每遇年终，在内从察院，在外从分巡御史、提刑按察史官，按治去处考校。若有不能讲解，不晓律意者，初犯罚俸钱一月，再犯笞四十附过，三犯于本衙门递降叙用。其百工技艺，诸色人等，有能熟读讲解，通晓律意者，若犯过失及因人连累致罪，不问轻重，并免一次。其事干谋反、谋逆者，不用此律。若官吏人等，挟诈欺公、妄生异议，擅为更改，变乱成法者，斩。"

讲读律令之法首先要求官吏知法，这不是偶然的。由于明朝废除了科举中的明法科、刑法科，而以八股制艺取士，因此入仕之官，多不习法。而作为基层官吏，每天都要面对着各种复杂的诉讼。为了防止官吏由于不习法明法，而不得不依赖于刑名幕吏，造成司法的腐败，因而特别规定此条，强制每年考校官吏的法律知识，并附以奖惩。对此，沈家本认为："此条唐律无文，盖自元废律博士之官，而讲读律令者，世道无其人，明虽设有此律，亦具文耳。"[2]但清人吴坛在《大清律例通考》中对此律条有如下考证：前明成化四年（1468年）旧例内开，"各处有司，每遇朔望诣学行香之时，令师生讲说，俾官吏及合属人等通晓法律伦理，违者治

---

[1]《明史·刑法志一》。
[2]（清）沈家本：《历代刑法考·明律目笺二》。

罪。"说明讲读律令条在现实中仍有一定的影响，并非完全具文。

清朝建立以后，仿大明律制定《大清律集解附例》，仍将讲明律令列于"吏律公式"之中。乾隆五年（1740 年）《大清律例》成，"吏律·公式·讲读律令"条规定如下："凡国家律令，参酌事情轻重，定立罪名，颁行天下，永为遵守。百司官吏务要熟读，讲明律意，剖决事务。每遇年终在内、在外，各从上司官考校。若有不能讲解、不晓律意者，官罚俸一月，吏笞四十。其百工技艺诸色人等，有能熟读讲解，通晓律意者，若犯过失及因人连累致罪，不问轻重并免一次。其事干谋反、叛逆不用此律。若官吏人等挟诈欺公，妄生异议，擅为更改，变乱成法（即律令）者，斩（监候）。"

明清律"讲读律令"条，首先针对内外百司官吏。"讲读律令"条中所谓"国家律令"，是指"颁行天下，永为遵守"的《大明律》和《大清律例》而言。这两部法典虽以刑法为核心内容，但也是按诸法合体编成的国家大法，涵盖十分宽广，涉及行政、民事、财经、刑法、诉讼、断狱、监狱以及家庭社会等诸多方面，故而要求百司官吏，"务要熟读，讲明律意，剖决事务"。

"讲读律令"条所规定的考校时间，明、清律都定在每年年终，但负责考校的机关与对不合格者的惩治，明、清律稍有不同。按明律：京内官由察院考校，京外官由分巡御史、提刑按察司官考校。对于"不能讲解，不晓律意者，初犯罚俸钱一月，再犯笞四十附过，三犯于本衙门递降叙用"。按

《大清律例》：无论京内京外官均由"上司官考校"。对于"不能讲解、不晓律意"的官吏的制裁为"官罚俸一月，吏答四十"。

明、清律中专列"讲读律令"条不是偶然的。明清时期的科举制度已不再设明法科、刑法科，而以制艺即八股文为官吏入仕的敲门砖。因此，明清两朝入仕之官对于法律完全处于愚氓无知的状态。临民之后又面对大量的司法案件，而且《大清律例》明文规定："凡（官司）断罪，皆须具引律例，违者（如不具引）答三十。"为避免州县官断狱时瞠目不知所措，和避免受制于刑名幕吏的操控，故而专列此条。可见"讲读律令"条的针对性是非常突出的，是对于八股取士选官制度的补偏救过之举。

乾隆初，吏部以内外官员各有本任承办事例，"律例条款繁多，难概责以通晓，奏请删除官员考校律例一条"，乾隆帝"不允"，谕曰："诚以律例关系重要，非尽人所能通晓，讲读之功不可废也。"[1]

为适应官员讲读律令的需要，涌现出一批类似参考书之类的律学著作，如《大清律例提纲》《读律心得》《大清律例便览》等简明读本，而图表歌诀类的律学著作也应运而生。

在清朝律学家的队伍中，由州县官至封疆大吏是重要的组成部分。如康熙时州县官于琨撰《祥刑要览》、知县黄六鸿撰《福惠全书》；雍正时知县蓝鼎元撰《鹿州公案》、河南

---

[1] （清）沈家本：《历代刑法考·大清律例讲义序》。

总督田文镜撰《州县事宜》；乾隆时江苏巡抚徐士林撰《守皖谳词》《巡漳谳词》，江苏巡抚吴坛撰《大清律例通考》；嘉庆时广东提刑按查使陈若林撰《大清律例重订统纂集成》、湖南布政司理问瞿中溶撰《洗冤录辩证》；道光时四川保宁府知府刘衡撰《读律心得》、州县官穆瀚撰《明刑管见录》；同治时湖广总督李翰章撰《大清律例汇集便览》；光绪时湖北州县官江峰撰《大清律例略记》等。他们从司法实践中体验到讲读律令的应用价值，因而提高了司法的水准。这说明了讲读律令条在实践中起到的效果。

由于《大明律》与《大清律例》是中国封建社会后期最完备的两部法典，涵盖面极为宽广，从总体上体现了国家意志。因此要求内外百官都要熟读、讲明律意、剖决是非。尽管明清二代部院司各有专门律例，尤其清朝则例纷繁，对各部院司权责奖惩规定得十分具体，但仍要求百官在了解本部院则例的同时，仍须熟读《大清律例》，而且不限于临民司法之官。在讲读律令条中首列官、次列民。官之责在于执法，民之责在于守法。守法者利害仅限于自身，执法者是否援法，其影响及于社会的振荡，国家的安危。因此"讲读律令"首列官次列民。表现了明清统治者对于明主治吏而后治民的传统认识。凡是不明律意考校不及格的官与吏分别予以惩戒，表现了讲读律令条带有一定的强制性。现存的地方官亲自撰写的判词以及官箴书中读律明法的种种议论，以及律学简易读本的广泛印行，都从不同侧面印证了"讲读律令"条的效力和它的引导功能。2001 年 11 月齐鲁出版社出版的《徐公谳词》就是一例。

徐公即徐士林，山东文登人，康熙五十二年（1713 年）进士，曾任内阁中书、刑部主事、礼部主事、礼部员外郎，后外任江南安庆知府、江苏按察使、河南布政使、寻迁汀漳道、卒于江苏巡抚任上。《徐公谳词》由《守皖谳词》与《巡漳谳词》合编而成，是徐士林任安庆知府与汀漳道道员任上审理 102 件案件的判词手稿。

徐士林以善于断狱著称。多年断案的实践经验，以及他对大清律例的研习体悟，使他深感"律例犹医书《本草》也，其情事万端，如病者之经络虚实也。不善用药者杀人，不善用律者如之"。正因为如此，史书说他"治狱不以刑讯，而以理折；不以迹拘，而以情求"。因而，他能够"握一狱之关键，晰众口之异同，而折以是非之至当。揆之天理而安，推之人情而准，比之国家律法而无毫厘之出笔入"。他反对深文周纳，期在必得以至刑讯逼供，也不许"姑息养奸"，无原则地宽容。"每谳狱定，必先摘大略牌示，始发缮文册，吏不得因缘为奸。"因此，经他审定的案子，从无翻案者。每当士林奉委派会审部驳大案时，他也尽力做到了"听断精敏……析疑疏滞，如见如绘；批隙导窾，无不迎刃而解"。徐士林不仅以不善用律者杀人自警，也据以勉励属下，"每守令来谒，辄具狱命判试其才"[1]。

乾隆时贵阳兵备道张经田在《励治撮要》一书中阐明了

---

[1] 《清史稿·徐士林传》。

读律的重要性："士人学古入官，读书尤贵读律。律之为书，仁至义尽，词简意赅，一句一字具有精蕴存焉。而律为一定不易之成规，例则为因时制宜之良法。凡律有未备，藉例以权其大小轻重之衡。纤悉比附，胥归至当，非就其同异之处，宽严之别，参互而考订之。遇有一案到手，且茫然无所适从，善办案者以案就例，兼之以例就案，两相就以准乎，宽严之并济，合乎仁义之至尽。有一成而不可变者，是在平日明习例文，深知其意，庶于审案时中有把握，且亦知所趋避，而操纵自如矣。"[1]

乾隆时名幕，后任知县的汪辉祖，以其经验强调"律例不可不读"："听讼不协情理，虽两造曲遵，毕竟是孽。断事茫无把握，以覆讯收场，安得不怠？原其故，只是不谙律例所致。官之读律，与幕不同。幕须全部熟贯，官则庶务纷乘，势有不暇。凡律例之不关听讼者，原可任之幕友，若田宅、婚姻、钱债、贼盗、人命、斗殴、诉讼、诈伪、犯奸、杂犯、断狱诸条，非了然于心，则两造对簿，猝难质诸幕友者，势必游移莫决，为讼师之所窥测。熟之可以因事傅例，讼端百变，不难立时折断，使讼师慑服。诳状自少，即获讼简刑清之益。每遇公余，留心一二条，不过数月可得其要。惮而不为，是谓安于自怠，甘于作孽矣。"[2]

---

〔1〕（清）张经田：《励治撮要》，见官箴书集成编纂委员会编：《官箴书集成》（第6册），黄山书社1997年版，第50页。

〔2〕（清）汪辉祖：《学治说赘》，见官箴书集成编纂委员会编：《官箴书集成》（第5册），黄山书社1997年版，第311页。

嘉庆、道光年间曾任州县官的刘衡提出读律在熟读诉讼、断狱两门："或问律例浩繁，其要旨安在？有尤要而宜先读者乎？曰：有。伏查现行律例，系道光五年钦定刊颁，计四百三十有六门，凡一千七百六十有六条。言言酌情理之平，字字协中和之轨。而其要旨，敢以一言蔽之，曰：保全良民，禁制棍蠹诬扰而已。至诉讼门之十二条，断狱门之二十九条，则其尤要而宜先读者也……律例既熟，胆力以壮，乃能于收呈时，依据刑律诉讼门之十二条，分别准驳。于听断时，则体会设身处地四字，恪遵断狱门之二十九条，分判曲直，乃稍稍能禁制棍蠹之害民者。"[1]

"讲读律令"条在要求百司官吏习法并定期考试、酌于奖惩之外，还针对百工技艺诸色人等。如"其百工技艺诸色人等"，犯"过失及因人连累致罪"，如能"熟读讲解，通晓律意者"，可以"不问轻重并免一次"，但"谋反、叛逆不用此律"。通过这样的法律规定，鼓励百姓了解律例，避免犯罪。可见讲读律令之法带有敦促吏民习法、守法的普法性质。除此之外，康熙帝、乾隆帝还通过圣谕的形式，使民众习法、敬法，遵而行之。

综上可见，明清律中专设"讲读律令"条，是针对以八股文入仕之官不明于律令之学，以至临民之后每遇民词往往不辨是非，受制于幕吏的现实而制定的，是补偏救弊的一大措施，反映了统治者对于司法的重视。从现存清代判词与档

---

[1] （清）刘衡：《蜀僚问答》，见官箴书集成编纂委员会编：《官箴书集成》（第6册），黄山书社1997年版，第149页。

案资料中，可以看出对于案件的判决是依法和合法的，而且其中虽不乏出自幕友之手，但有些确为州县府道长官亲自拟定的。现存的明清官箴书中也多有关于读律的阐述，显然是对明清律中"讲读律令"条的回应。

总结中国古代的法律宣传，有以下特点：其一，法律宣传受到历代统治者的重视，但由于时代不同，形势不同，法文化的水准不同，而有不同的要求和表现形式。其二，首重官，次为民。因为官是执法的主体，是主动者，民是遵法守法的被动者。所以，为官者不可不知法，故普法对象首在于官；官员习法不限于本部门的法规，而当熟悉国家的根本大法；不在于一时的轰轰烈烈，而在于年年考校奖优汰劣，形成一定的制度和法律，使"普法"常态化。其三，法律的宣传教育带有一定的强制性，每年考校官吏的法律知识，根据其水准而定有不同的奖惩。其四，法律宣传在于使百姓知法、敬法、畏法，避免犯罪，进而达到明刑弼教的目的。所以，民虽熟知法律，但如犯重大犯罪，仍按刑法处理。

中国古代的法律宣传与教育都带有本土化的国情特色，或与礼俗相关，或受到圣谕的规训，或有法律的强制规定，都带有中华法系的特色。习近平总书记强调："人民权益要靠法律保障，法律权威要靠人民维护。要充分调动人民群众投身依法治国实践的积极性和主动性，使全体人民都成为社会主义法治的忠实崇尚者、自觉遵守者、坚定捍卫者，使尊法、信法、守法、用法、护法成为全体人民的共同追求。"〔1〕抚今追昔，通过法律宣传，让官民知法、守法，才能保障法律的作用得到有效发挥。只有增强官民的法律意识，才能促进法律秩序的稳定，有助于依法治国方略的实施。

---

〔1〕 习近平："加快建设社会主义法治国家"，载《求是》2015 年第 1 期。